지선아 고마워

우리 곁에 살다 간 행복천사,

발달장애인 김지선 이야기

지선아 고마워

김미영 김남용

비전북

차례

제1부 아빠의 회상

제2부 엄마의 일기

'지선이 이야기'를 시작하며

영화 〈오두막〉이 생각납니다. 휴가지에서 어린 딸을 잃은 아버지는 딸을 죽인 범인에 대한 분노에 사로잡혀 방황하며 헤맵니다. 그러다 마침내 자신의 딸이 하늘나라에서 뛰어노는 장면을 보고 위로를 받습니다.

지선이를 알고 지낸 사람들은 모두 지선이가 장애도 질병도 고통도 없는 천국에서 더없이 행복하게 지낼 것이라 말합니다. 그 믿음과 확신이 저희에게도 있지만, 이 간절한 그리움은 어찌해야 할지 모르겠습니다.

지선이는 스무 살이 지나면서 표현력이 눈에 띄게 좋아졌습니다. 이틀이 멀다 하고 "아빠, 나 사랑하나? 아빠, 나 좋아하나?" 묻곤 했지요. 둘째와 셋째 아이가 그랬다면 심리상담을 받으러 가야 하나 걱정했을지도 모르겠습니다. 그런데 지선이가 수시로 던지는 그 물음은 싫어할 수가 없었습니다.

"그럼, 아빠는 지선이 사랑하지! 지선이 좋아하지!" 매번 반색하며 답해주었습니다.

때로는 아빠에게 춤을 춰보라고 합니다. 그럴 때면 세상 몸치인 아빠가 어설픈 춤사위를 흔들어대는 걸 보며 깔깔대며 웃고 신나했습니다. 그날들이 모두 행복이었습니다.

이제는 "아빠, 나 사랑하나?" 묻는 지선이의 모습이 떠오를 때마다 "사랑하며 살자" 하는 마음을 다시 새깁니다.

이제 지선이가 떠난 지 6개월이 되어갑니다. 여전히 일상에서 예기치 못한 순간에 슬픔이 파도처럼 몰려오고 울음이 터지곤 합니다. 끝날 것 같지 않은 깊은 슬픔과 우울의 기나긴 터널을 지나고 있지만, 가느다란 빛이 조금씩 느껴져 감사한 마음입니다. 한편으로는 슬픔을 표현하지 못하는 순간들이 있습니다. 내가 슬퍼하면 내 곁에 있는 이가 더 힘겨워할까 봐서입니다.

여전한 슬픔 가운데 이렇게 지선이 이야기를 글로 나눌 수 있어서 큰 위로가 됩니다. 떠나간 딸을 자꾸만 떠올리고 회상하는 시간이 아프고 슬펐지만, 글을 쓰는 과정을 통해 아픔을 치유하시고 우리를 사랑하시는 하나님을 경험할 수 있었습니다.

이 책은 지선이를 아는 모든 분들의 사랑과 응원에 힘입어 나올 수 있었습니다. 지선이 이야기를 듣고 눈물을 흘리며 책을 써보라고 응원해준 박종태 비전북 대표님과 미완의 원고가 정돈되는 과정에 사랑의 수고를 아끼지 않은 최선화 자매님에게 머리 숙여 감사드립니다.

저희를 계속 격려하고 위로해주시면서 지선이에 관한 은혜로운 일들을 책으로 펴내면 좋겠다고 권면해주신 향상교회 김석홍 목사님께도 깊이 감사드립니다. 지선이를 사랑해주신 많은 분들과 지선이와의 추억을 글로 나누어주신 분들께도 진심으로 감사드립니다. 평범하지 않은 누나를 끝까지 사랑한 두 아들, 주승이 주영이에게도 미안한 마음과 함께 깊은 고마움을 전합니다.

끝으로 우리 가정에 내려주신 축복이자 보석이었던 사랑하는 딸 지선아, 네가 삶으로 말하고 보여준 그 뜻대로 우리도 사랑하며 살기로 약속할게.

지선아, 고마워!

2021년 겨울
김미영 김남용

제1부

아빠의 회상

●

꽃이 지다

가야 할 때가 언제인가를
분명히 알고 가는 이의
뒷모습은 얼마나 아름다운가

봄 한철
격정을 인내한
나의 사랑은 지고 있다

분분한 낙화…
결별이 이룩하는 축복에 싸여
지금은 가야 할 때

(중략)

헤어지자
섬세한 손길을 흔들며
하롱하롱 꽃잎이 지는 어느 날

나의 사랑, 나의 결별
샘터에 물 고인 듯 성숙하는
내 영혼의 슬픈 눈.

(이형기, 〈낙화〉에서)

딸이 죽었다. 일곱 살이자 서른 살인 딸이.

2021년 6월 26일, 혜화동 서울대병원에서 생명이 빠져나간 지선이는 볏단처럼 가벼웠다. 앰뷸런스를 타고 용인 다보스병원 장례식장을 향했다. 얼굴까지 덮인 하얀 천, 싸늘해진 손.

불과 50일 전에도 앰뷸런스를 타고 서울대병원을 갔다. 살아서, 살고 싶어서, 살리려고.

생기만 빠져나갔을 뿐, 지선이는 그대로였다. 오늘 아침까지 살아 있는 딸이었는데 지금은 주검이다. 그토록 평범한 하루 속에 이토록 적막한 삶과 죽음이 공존할 수 있는가. 믿기지 않았다.

"아빠!" 하며 금방 일어날 것 같았다. 그러다가 이 모습도 다시는 못 보겠구나 싶었다. 다시는. 다시는.

서울대병원에 입원한 지 50일, 지선이는 감자꽃 필 무렵 천국으로 떠났다. '당신을 따르렵니다'라는 감자꽃말처럼 주님을 따르며 살다 주님 곁으로 갔다.

지난 5월 초순, 숨이 차고 기침을 해 서울대병원을 찾았다. 지선이에게 무슨 일이 생기면 일단 서울대병원으로 간다. 일찍이 몸이 아플 때마다 다니던 곳이다. 지선이의 모든 병력이 그곳에 있다. 지선이는 약 하나 주사 하나도 주치의 허락하에 처방해야 하는 약하디약한 지적장애인이다.

집을 나설 때 지선이는 베란다 화초들에게 물을 주라고 했다. 화초들이 목말라한다는 것이었다. 한쪽 손은 배를 움켜잡고 있었다.

병원으로 향할 때 지선이는 동생 주승이만 못보고 왔다며 전화를 연결해달라고 했다. 숨이 가쁜데도 주승이와 통화를 했다. 우리는 지선이가 이미 무척 힘들어했고 계속 아픔을 참아왔다는 것을 몰랐다.

우리만 몰랐다. 지선이는 이미 떠날 준비를 하고 있었다는 것을. 격정을 인내하며 살아온 30여 년과 이별하고 있었음을. 가족과의 결별이 가까웠음을. 나의 사랑이 하롱하롱 손을 흔들고 있었음을. 내 영혼은 슬픈 눈으로 그저 서 있을 뿐이었다.

세 번의 유산, 그리고 출산

1990년 12월 30일. 지선이는 3개월이나 서둘러 세상에 첫 발자국을 찍었다. 1.7킬로그램의 생명체. 아내는 조산방지제를 맞아가며 출산을 지연시키려 했으나 지선이는 겁도 없이 따뜻한 태반에서 차가운 자궁 밖으로 머리를 밀며 나왔다.

아내는 지선이 이전에 이미 세 차례나 자연유산을 겪었다. 지선이 임신 때 아내는 공기에서도 냄새를 느낄 정도로 입덧이 심했다.

그 무렵 아내는 유치원을 운영하느라 일에 빠져 있었다. 무슨 일이든 시작하면 중독에 가깝게 일하는 아내였다. 어머니는 사업 잘하고 돈 버는 데 바쁜 며느리를 달가워하지 않으셨다. 3년은 종가집 법도를 배워야 한다는 어머니 말씀에 우리 부부는 부모님과 합가를 해 살고 있었다.

지선이가 태어나기 며칠 전에는 아내가 운영하는 유치원 옆 건물에서 살인사건이 났다. 폴리스라인이 설치되고 경찰들이 왔다 갔다 하며 동네 분위기가 싸했다. 수사하느라 경찰들이 **찾아**와 유치원 문을 두드리기도 했다. 아내는 무섭다고 했다.

　며칠 더 전에는 아내 일을 도와주고 있던 처제가 펄펄 끓는 물에 팔과 다리를 데어 2도 화상을 입는 통에 임신 6개월인 아내가 처제를 업고 병원으로 뛰어가기도 했다. 그러니 아내가 무리가 됐을 만도 하다.

　하필 지선이가 태어나던 그날, 나는 송년회 약속이 있었다. 지선이가 태어나리라고는 당연히 생각도 못 했다. 아내는 컨디션도 안 좋고 동네 살인사건으로 무섭기도 하니 송년회를 가지 말라고 했다.

　나는 옛 직장 동료들과 오래전부터 잡아둔 약속이라 바꾸기 어렵다며 집을 나섰다. 동료들에게 뭐라 한단 말인가? 아내가 못 나가게 하니 안 나가겠다고 할 것인가? 지금으로부터 30여 년 전 내 상식으로는 생각조차 못 할 일이었다. 그것이 아내에게 두고두고 미안한 일이 될 줄 그날은 몰랐다. 지금이라면 아내 말을 들었으리라.

뇌수막염,
재생불량성 빈혈

지선이가 태어나고 1년 후 병원에서 나온 진단에 나는 무너졌다. 뇌수막염으로 뇌의 일부가 죽어 장애아가 된다는 말을 의사에게 들었을 때, 하늘이 무너져 내려 나를 덮치는 것만 같았다.

우리 부부는 전국을 헤매고 다녔다. 이른바 영력이 좋다는 기도원, 신유의 은사가 있다는 곳은 어디든 지선이를 데리고 다녔다. 살리고 싶었고, 할 수만 있으면 장애를 막고 싶었다. 하나님을 이용해서라도 그렇게 하고 싶었다. 수단과 방법을 고려할 여유가 없었다. 그 무수하고 지난했던 시간들을 우리는 지치지도 않고 다녔다. 지선이가 정상으로 살 수만 있다면 무슨 일인들 못 했을까….

2005년, 지선이가 열다섯 살이 되었다. 감기 기운이 있어 동네 병원을 찾아갔다. 의사선생님이 청진기를 대려고 옷을 올리니 붉은 반점들이 온몸에 확 퍼져 있었다. 요리조리 살펴보던 선생님이 소견서를 써줄 테니 당장 큰 병원에 가보라고 하시는 게 아닌가. 우리는 서울대병원으로 달려갔다. 입원하여 온갖 검사를 마친 후 지선이가 진단받은 병명은 '재생불량성 빈혈 중증'으로, 빈혈에 의한 무기력감이나 피로감, 두통, 호흡곤란 및 출혈 증상이 생기는 자가면역질환이었다. 지선이는 건강한 사람의 골수 세포를 이식받지 않으면 살 수 없는 상태라고 했다.

부모라면 동감할 것이다. 내가 아프고 말지 세상에서 가장 귀한 내 아이에게 왜 이토록 감당하기 힘든 일이 계속 일어난단 말인가? 가슴이 마구 뜯겨나가는 것 같았다.

그 무렵, 어딘가로 가야 하는 일이 있어 빨리 차에 타라고 재촉했을 때 지선이가 잘 걷지 못하고 네 발로 기어오다시피 한 일이 떠올랐다. 아, 그때 지선이는 너무 어지럽고 힘이 없었던 거였구나…. 참는 것이 익숙한 아이. 또래들이 교복을 입고 학교 가는 것을 지켜보기만 하던 아이. 그러다 교복 판매점을 지날 때면 한없이 유리창 밖에서 손을 흔들던 아이.

지적장애인으로 살아가기도 버거운 아이에게 듣도 보도 못한 이 질병은 또 무엇이란 말인가? 나도 모르게 삿대질을 해대며 울부짖고 있었다. 어디를 향하는지, 누구를 향하는지도 알 수 없었다. 아마도 하나님을 향한 처절한 악다구니였을 것이다.

어떻게 이럴 수 있는가? 꼭 이렇게까지 해야만 하는가? 말로 좋게 하면 안 되는가? 왜, 왜, 왜, 내 생명보다 귀한 나의 사랑에게, 약하디약한 나의 분신에게 이렇게까지 잔인하단 말인가?

어찌어찌 겨우 마음을 다잡고 의사선생님을 만났다.

"조혈모세포 이식만이 답입니다. 이식받지 않으면 살아날 가능성은 1퍼센트입니다."

"1퍼센트는 뭘 의미합니까?"

마른 침을 삼키며 내가 힘겹게 물었다.

"기도나 열심히 하는 수밖에요."

의사선생님은 딱 그렇게 얘기하셨다.

기도? 기도하면 들어주기는 하시나? 기도해서 들어주실 거라면 애초에 이런 일을 왜 겪게 하는가? 기도라고? 지금 이런 상황에서는 대체 뭐라고 기도해야 하는가? 누구든 내 물음에 답을 해보란 듯 속에서 분노가 폭풍처럼 휘몰아쳤다.

세상의 약한 것들을 택하사

조혈모세포 이식을 받지 않으면 아무 희망이 없다는 지선이를 태우고 집으로 향했다. 눈물이 앞을 가려 더 이상 운전을 할 수가 없었다. 이대로 지선이를 보내야 하나? 아빠라는 인간이 이토록 무력하단 말인가? 딸이 죽어간다는데 지켜보고만 있어야 하는가? 전지전능하다는 하나님은 뭐하시는가? 천지를 지으시고 지금도 살아 계셔서 온 천하보다 우리를 그토록 사랑하신다는 그 하나님은 지금 어디서 뭘 하시는가?

남들은 멀쩡한 자식들 순풍순풍 낳아 잘 먹고 잘도 살아가던데 왜 지선이에게만 고통을 몰빵하시는가? 남들은 짱짱한 사지육신으로 건강하게만 살던데, 왜 미숙하고 약하고 순수하게 살아가는 우리 딸에게만 이리 가혹한 일을 겪게 하시는가?

서울 톨게이트를 지나자마자 갓길에 차를 세웠다. 내 마음을 알기나 한 듯 장대비가 쏟아지고 있었고, 내 얼굴은 눈물로 범벅이 되었다. 한 치 앞도, 미래도 보이지 않았다. 뒷좌석에 앉아 있던 지선이가 운전석 쪽으로 다가와 목을 끌어 안았다.

"아빠, 나 땜에 우는 거야? 나는 괜찮아, 아빠."

그 말을 하고 지선이가 운다. 지금 자기 상태가 어떤지 전혀 모르는 지선이가 '괜찮다'고 말하니 억장이 무너졌다. 껵껵 지선이도 울고 나도 울었다. 차량 지붕을 때리는 빗줄기만이 우리의 뜨거운 눈물을 식혀주는 것 같았다.

그 후 아침마다 지선이 종아리를 걷어 보는 것이 일이었다. 이태리 타월로 빡빡 문지르면 살이 붉어지듯이 그런 형태의 붉은 반점들이 보이면 피가 부족하다는 신호다. 그때는 무조건 서울대병원행이다. 6개월 생존을 선고받은 지선이는 그렇게 4년을 더 살았다. 기적이었다.

그때로부터 한참이 지나서야 고린도전서 1장 27-29절을 통해 하나님의 섭리를 조금이나마 헤아려보게 되었다.

그러나 하나님께서 세상의 미련한 것들을 택하사

지혜 있는 자들을 부끄럽게 하려 하시고

세상의 약한 것들을 택하사

강한 것들을 부끄럽게 하려 하시며

하나님께서 세상의 천한 것들과

멸시받는 것들과 없는 것들을 택하사

있는 것들을 폐하려 하시나니

이는 아무 육체도 하나님 앞에서

자랑하지 못하게 하려 하심이라

세상에서 약하디약하고 미련하고 아무것도 아닌 지선이와 우리 가정을 하나님께서 택하신 것이다.

공여자

드디어 기다리고 기다리던 조혈모세포 공여자가 나타났다. 물론 그에 앞서 가족이나 친지들과 다 맞춰봤지만 맞는 사람이 없었다. 그 후 약 20명 정도의 사람들 중 딱 한 사람, 100퍼센트 맞아 떨어지는 한 청년의 조혈모세포를 이식받게 된 것이다. 그토록 애를 태우며 기다려도 공여자를 만나지 못했는데, 그 무렵 공여자가 많아져 지선이가 수혜를 받았다.

당시는 김수환 추기경이 소천하면서 당신의 온몸을 기증하신 시기였다. 그때부터 기증 문화가 사회적으로 확산되면서 장기와 신체 기증에 나서는 사람들이 급속히 늘었다.

지선이가 조혈모세포 이식의 수혜를 입으면서 우리 가족은 모두 장기이식에 서약했다. 지선이 아래 두 아들은 지금도 자주 헌혈에 참여한다. 작은 것이라도 사회에 보답하고픈 마음에서다. 이 지면을 빌려 김수환 추기경께 감사드리고 부

산의 이름 모를 청년에게 무한한 감사를 전하고 싶다.

　이식 수술 전까지 4년을 잘 버텨준 지선이의 고마움도 이루 말할 수 없다. 태풍으로 납작하게 드러누운 풀처럼 쓰러진 나의 삶에 태풍이 멎고 따스한 산들바람이 불어주는 것 같았다. 원망과 분노가 하늘을 찌르다가 감사한 마음으로 땅에 무릎을 꿇었다. 하늘과 땅만 보이는 광야였다. 나의 시선은 하늘을 향했고 두 발은 땅에 단단히 뿌리를 내리며 살아갈 힘이 생겼다.
　지선이가 살 수만 있다면 감사 못 할 일이 없었다. 사람들은 잘 모른다. 평범한 일상의 기적을. 우리는 소를 잃고 나서야 외양간을 손본다.

의식불명

2010년 드디어 조혈모세포 이식을 하게 되었다. 조혈모세포 이식을 할 때 무균실에서 지선이가 의식불명이 됐다. 서울대 병원 조혈모세포 이식 과정에서 의식불명이 된 환자는 지선이가 최초였다고 한다.

16개의 링거가 갓난아기용 모빌처럼 지선이 몸에 달려 있었고, 산소호흡기로 숨을 유지시키고 있었다. 8일 동안 깨어나지 않은 것도 처음이라고 했다. 의식불명 3일째 되던 날, 나는 마음을 비웠다. 비워야 했다. 비울 수밖에 없었다.

이제는 떠나보내야 하나보다. 병원에서도 희망적인 얘기 한마디 없었다. 나는 작별인사를 했다. 따뜻한 지선이 손을 잡고 마음을 다해 말했다.

지선아, 아빠 딸로 태어나줘서 고마웠어. 아빠가 너무 미안해. 네가 태어날 때부터 지금까지 돌아보면 아픔뿐이야. 너에게 너무 가혹한 생을 살게 해서 아빠 마음이 너무 아파. 한때는 너의 장애를 부끄러워했어. 너를 두고 아빠가 먼저 갈까 하는 생각도 했었어. 미안하고 미안해.

두 눈에서 강이 범람하듯 눈물이 쏟아졌다.

이제 스무 살이 된 지선이. 건강했으면 캠퍼스를 누비고 남자 친구도 사귀고 있겠지. 늦게 들어온다고 혼나기도 하고. 영화 관람에 콘서트에, 이것저것 보러 다니면서 얼마나 좋았을까. 연예인은 누구를 좋아하는지, 무슨 스포츠를 좋아하는지 시시콜콜한 수다를 나누며 아이스크림도 먹고, 엄마와 아빠 연애사도 말해 주고 운전도 가르쳐 줄 텐데….

함께 하고 싶은 일이 끝이 없었다. 아마 지선이는 아빠의 이야기를 잘 듣고 공감해줬을 것이다.

나를 닮은 지선이는 나와 잘 통했다. 그러나 내 딸로 태어나 병치레로 고생만 했던 지선이. 해줄 수 있는 게 아무것도 없는 이 무능함, 죽음 앞에서 인간의 유한함을 절감하면서도 살리고 싶은 절박함….

아니야! 비울 수 없어! 보낼 수 없어! 안 돼! 왜 나에게, 왜

지선아   고마워

내 딸에게, 왜 이토록 잔인한가요? 아무것도 원하지 않으니 살려만 주세요! 지선이를 살려만 주신다면 내 생명이라도 가져가세요!

나는 창자가 끊어지는 듯한 고통으로 몸부림치며 절규했다. 그런데 갑자기 지선이가 벌떡 일어나는 게 아닌가.

"아빠, 나 괜찮아."

한마디를 하더니 다시 쓰러지듯 누웠다. '방금 무슨 일이 일어난 거지?' 너무 놀라고 당황했다. 옆에 있던 간호사가 급히 의사를 찾았다. 내가 꿈을 꾸는 건지 깨어 있는 건지 도무지 분간이 되지 않았다.

그 무렵 온 교회가 기도하고 있었고, 익명으로 누군가가 극동방송에까지 기도 요청을 한 뒤였다. 그런데 느닷없이 지선이의 의식이 살아난 것이다. 꿈만 같았다.

축복송

병원 무균실에 지연이란 여자아이가 있었다. 남자만 보면 우는 아이였다. 물론 나도 예외는 아니었다. 모든 남자는 지연이의 눈에 띄지 않으려고 애썼다. 눈에 띄면 병실이 시끄러워지기 때문이다.

어느 날 내가 지연이에게 다가가 "지연아, 사랑해" 하니까 울지 않았다. 나도 놀라고 주위도 놀랐다. 그 후로 나는 고함량 항암제로 고통스러워하는 아이들을 만날 때마다 "○○아, 사랑해"를 자주 해주었다. 그러면 모든 아이가 한결같이 좋아했다.

나는 아예 축복송에 아이들 이름을 넣어서 불러주기 시작했다. 그렇게 축복송이 탄생했다.

○○은(는) 이 세상에 사랑받기 위해 태어난 사람

지선아 고마워

○○을(를) 통하여서 세상이 더욱 아름답게 되리

혜화동 서울대병원 8층에서는 남산이 보인다. 남산을 향해 축복송을 부르며 많이 울었던 기억이 난다.

나는 소아암 병동 부모회 회장이 되어 축복송을 시시때때로 부르며 아이들을 축복해주었다. 노랫말을 개사하여 부른 그 축복송을 지금까지 나는 애창한다. 내 사역인 '감사나눔' 세미나를 시작할 때도 다 큰 어른들에게 이름을 넣어서 불러준다.

이 축복송의 위력을 지금까지 숱하게 경험해왔다. 인간에게 사랑은 절대가치이며, 어느 누구나 채우고 싶고 또 채워져야 한다는 것도 지선이를 통해 비로소 알게 되었다.

특수어린이집 입학

1995년 무렵, 수원 영통에 있는 수원중앙침례교회에 특수어린이집이 있다는 것을 알게 되었다. 무조건 찾아가 지선이를 입학시키고 싶다 하니 수원중앙침례교회 성도에게 우선권이 있다고 했다. 그 교회 성도 자녀로 다 채워지면 우리에게는 기회가 없었다. 그래서 망설이지 않고 바로 교인으로 등록을 했고, 장애인 30명 정도의 특수어린이집에 지선이를 입학시킬 수 있었다.

그 어린이집에는 아버지 교실이 있었고 아버지 모임도 활성화되어 있었다. 어느 날 그 모임에 어느 목사님이 강사로 초빙되어 강의를 들을 기회가 있었다. 강사 목사님이 말씀하셨다.

"여러분, 여러분의 자녀는 하나님이 고민고민 하시다가 여러분 가정에 특별히 맡기신 것입니다."

개 풀 뜯어 먹는 소리였다. 나는 그 말을 부정하면서 속으로 소리쳤다.

'당신이 장애아를 키워보기나 했어? 직접 키워보고 나서 다시 얘기해보시지. 장애아 하나를 키우느라 치러야 할 대가를 알기나 해? 아이의 고통은 말할 것도 없고 사회적 시선이나 가족 구성원들이 감당해야 할 인적·물적·시간적·정신적 심리적 고통을 알기나 하느냐고?'

강한 저항감과 반발심이 밀려와 하마터면 그 말을 밖으로 뱉을 뻔했다.

내 속마음은 아랑곳없다는 것처럼 목사님은 태연하게 강의를 이어가셨다.

"저는 하나님이 고민고민 하시다가 특별히 맡겨주신 세 명의 장애아를 키우고 있습니다."

나는 할 말을 잃었다. 방금 뱉을 뻔한 말이 부끄러워졌다. 그리고 마음이 아려왔다. 그 목사님의 삶의 질곡이 생생하게 느껴져서다. 목사님이 담담하게 간증하기까지 그 가족이 감당했어야 할 눈물의 시간이 느껴져서다.

꽁꽁 언 강바닥이 봄기운에 녹아내리듯 내 마음 어딘가가 스르르 풀리고 있었다.

●
둘째 주승이

2010년 둘째 주승이가 중학생이 되었다. 그 시기에 지선이는 재생불량성 빈혈 중증으로 조혈모세포 이식 중 쇼크가 와서 기도삽관을 한 채 의식도 없는 상태였다.

병원에서는 언제 어떻게 될지 모르니 우리 부부에게 산소포화도 수치며 기계를 항상 지켜보라고 했다. 그러면서, 원래 무균실은 부모 중 한 사람만 들어갈 수 있으나 워낙 위험한 상황이다보니 부모가 함께 들어와 지켜보라고 했다.

우리는 무균실에 함께 들어가 분리된 곳에서 지선이의 산소포화도와 용변 처리 등 지선이 상태를 계속 지켜보고 있었다. 온 신경이 지선이에게 쏠려 있었다. 물질적·정서적·물리적으로 모든 상황이 지선이에게 초점이 맞춰질 수밖에 없었다.

전화도 거의 받지 않았다. 받을 수 없었다. 모르는 전화는 더더욱 받지 않았다. 중1이 된 주승이와 초등학교 3학년인 막내 주영이를 처제에게 부탁했다.

어느 날 모르는 번호로 걸려온 전화를 잘못 누르는 바람에 받게 되었다. 주승이 담임선생님이었다. 아버님께 드릴 말씀이 있으니 학교에 방문해달라는 것이었다. 꼭 아버님이 오시라는 간곡한 부탁을 덧붙였다.

학교를 갔더니 여러 선생님이 앉아 계시고 징계위원회가 열려 있었다. 주승이가 담배를 피웠기에 징계가 불가피하고 이미 외부 봉사활동을 일정 시간해야 하는 상황이었다. 나는 장애인이면서 중환자인 큰아이로 인해 현재 우리 집 상황이 어떠한지, 주승이의 초등학교 시절이 어떠했는지 조목조목 말씀드리면서 선처를 부탁드렸다. 주승이가 얼마나 힘들고 외로웠을지 아비인 내가 누구보다도 잘 알고 있었기 때문이다.

결국 선생님들의 선처로 주승이의 징계는 교내봉사로 마무리됐다. 그렇게 주승이는 장애인 누나로 인해 점점 힘들게 학교생활을 이어나가고 있었다. 그러나 가정에서는 누구도 주승이에게 신경을 쓰지 못했다. 지선이의 생사가 더 위급하고 중했기 때문이다.

지선이와 주승이의 나이 차이는 일곱 살이다. 주승이가 초등학교 1학년에 입학할 당시 지선이도 그 학교에 같이 들어가게 됐다. 교장선생님의 재량에 따른 특별한 혜택이었다. 이미 지선이는 수원중앙침례교회 부속 특수어린이집을 마친 뒤 수원중앙초등학교도 6학년 4월까지 다닌 후였다.

　　그런데 그 무렵 지선이가 아파서 8개월을 학교에 못 간 사이 친구들은 졸업을 했고, 지선이는 졸업을 못 하고 6학년을 집에서 보내게 되었다. 오랫동안 학교를 쉬더니 지선이는 학교에 안 가겠다 했다. 어려서부터 누나를 돌봐주어서 그런지 주승이를 따라서만 학교에 가겠다고 했다. 지선이의 장애 특성상 한 사람은 꼼짝없이 24시간 붙어 있어야 하는데, 아내는 사업으로 바빴고 우리는 더 이상 그것을 감당할 수 없었다.

　　우리는 수원에서 용인으로 이사를 했고 주승이가 입학한 학교에 지선이도 함께 보냈다. 주승이가 누나를 돌봐줄 것이란 기대를 담아 주승이에게 부탁까지 하면서. 그 일이 주승이에게 가장 미안하고 부모로서 마음이 아프다 못해 뜯거나 가는 것만 같다.

　　주승이도 코흘리개 초등학교 입학생이었고 부모의 돌봄이 절실한 나이였다. 그런데 일곱 살 많은 장애인 누나를 같은 학교 같은 학년으로 보내면서 돌봐달라 했으니 아이가 얼마나 버거웠을까.

그렇게 시작된 주승이의 초등학교 생활은 장애인 누나를 둔 동생으로서 늘 놀림감이 됐다. 전교에 장애인이라고는 지선이 하나였고 지선이가 누나라는 것을 모르는 사람이 없었다. 일곱 살이나 많은 누나를 친구들이 "지선아, 지선아" 하고 부르는 것이 주승이는 싫었다. 친구들이 그렇게 부를 때마다 가만히 있지 않고 맞섰다.

"우리 누나 열다섯 살이야. 너희들보다 일곱 살이나 많아. 누나라고, 언니라고 불러."

그러는 사이 주승이는 반에서 왕따가 되어 있었다. 하루는 학교에서 돌아올 시간이 되었는데도 오지 않아 처제가 학교까지 찾아나섰다. 가보니 친구 둘이 주승이 팔을 한쪽씩 붙잡고 꼼짝 못 하게 한 뒤 다른 아이가 지선이를 때려서 지선이는 코피를 흘리고 있었다.

처제가 깜짝 놀라 급히 상황을 정리하고 주승이를 달랬는데 주승이는 여전히 분노로 씩씩거렸다. 처제가 '나쁜 친구들을 이모가 혼내주었다'고 얘기하며 달래는데도 쉽게 상처가 아물 것 같지 않았다.

주승이는 장애인 누나를 놀리는 아이들을 하나씩 팼다. 다른 아이들보다 키가 월등히 컸고 몸무게도 제법 있었던 주승이가 친구를 때리는 횟수가 잦아졌다. 이로써 친구들이 하나둘 떠났고 공부와는 담을 쌓아가면서 싸움 기술만 늘어갔다.

가출

중학교 2학년이 되던 겨울방학 첫날, 주승이가 사라졌다. 말한마디 없었고 연락도 되지 않았다. 경찰에 신고를 했는데도 오리무중이었다. 백방으로 수소문을 했지만 주승이의 행방은 어디에도 없었다. 애가 타고 심장이 떨어져나간 듯 괴롭고 답답했다. 차마 교회에 말할 수는 없었다.

나는 당시 '두란노아버지학교' 메인 강사이자 사단법인 아름다운가정만들기 대표를 맡고 있었다. 그랬기에 이 일이 알려지면 '자기 가정은 저 모양이면서 누굴 가르치고 무슨 강의를 한다고 저러나' 하며 온갖 비난이 쏟아질 것이 두려웠다. 주승이는 3주째 연락이 되지 않았다.

교회 중보기도반 소속으로 평소 기도생활에 열심이던 아내는 혼자 기도하다 급기야 주승이의 가출 사실을 중보기도반 기도제목으로 올렸다. (아무런 연락이 되지 않는 상황에서 가출인지 납치인지 도무지 알 수 없었지만, 일단 우리는 가출이라고 결론 내렸다.)

  적지 않은 온 교회 성도가 알게 된 뒤로, 마주칠 때마다 주승이 소식을 묻고 손을 잡으며 기도하고 있다, 괜찮을 거다, 힘내라 등등 격려의 말을 해주었다. 정말 감사한 일이었음에도 나는 지선이와 주승이 일로 맥이 다 풀려 방전된 상태여서 일일이 반응하고 응답하기가 버거웠다. 심지어 나 자신이 비참하다는 생각까지 들었다. 나는 예배 때마다 목사님의 폐회기도 시간에 일어나 예배당에서 먼저 나왔다.

  가끔 텔레비전 뉴스에서 야산에 신원미상 어쩌고, 바다에서 시체가 어쩌고 하는 소리만 들려와도 심장이 찢기는 것 같았다. 그렇게 피가 마르는 시간이 더디게 흐르고 있었다.

  개학 이틀을 앞두고 아내가 중보기도실에서 기도 중에 주승이가 들어올 거라는 응답을 받았다고 했다. 그리고 곧이어 주승이에게 문자가 왔다.

  "아빠, 나 집에 갈 거야. 걱정 마."

  순간 무엇보다 '살아 있구나' 싶어 안도가 됐다. 그리고 우리는 기도 응답이 바로 이루어진 것에 소름이 돋았다. 다음은 화가 치밀었다. '어떻게 방학 내내 아무 연락도 없이 이렇게 부모 애를 태울 수 있나. 아버지학교 메인 강사이자 아름

지선아   고마워

다운가정만들기 대표인 아비 얼굴에 먹칠을 해도 유분수지, 이토록 나를 부끄럽게 만든단 말인가.' 그러나 주승이는 아직 돌아오지 않았고 우리 부부는 이 문제를 어찌 처리할지 고민했다.

그때 문득 유명한 탕자의 비유가 생각났다. 멀쩡하게 살아 있는 아버지에게서 유산을 미리 챙겨 멀리 떠났다가 거지꼴로 돌아온 둘째 아들 탕자. 당시 고대 근동 문화로는 돌에 맞아 죽을 일이었고, 2000년이 지난 요즘도 하기 힘든 행동이다. 아버지 입장에서는 경제적 손실은 말할 것도 없고 사회적으로는 망신살 뻗칠 일 아닌가. 세상 창피할 일이다.

그런데 그 유명한 비유를 탕자가 아닌 탕부의 이야기라고 재해석한 설교를 들은 적이 있다. 날마다 대문 밖에서 탕자를 하염없이 기다리는 아버지. 돌아온 탕자에게 금가락지를 끼워주고 송아지를 잡고 동네잔치까지 벌인 아버지의 낭비. 자식에게 아낌없이 사랑을 탕진한 아버지. 그렇게 체면이 구겨질 대로 구겨진 아버지를 보고 동네 사람들은 수군거렸을 것이다. 어쩌면 대놓고 꼴좋다고 비난했을지도 모른다. 그러나 아버지는 오직 아들에게 집중했다. 아들만 보고 아들만 사랑했다. 나와 아내는 그 아버지의 사랑으로 기도하며 기다렸고 돌아오면 무조건 용서하고 따뜻하게 품기로 결정했다.

개학일에 딱 맞춰 아들이 돌아왔다. 돌아온 아들에게 그간 일을 물었다. 아파트 앞 동에 사는 고2 형이랑 같이 다녔다고 한다. 그 형 집에는 부모님이 이혼하고 새엄마가 들어왔다. 아빠는 사업을 하느라 늘 밖에 있었고, 새엄마는 아빠의 수입으로 늘 잘 먹고 좋은 옷 사 입고 마사지에 화장에 돈을 잘 쓰며 지냈다. 아빠가 집에 오면 아들의 문제를 노출시켜 아빠를 분노케 해서 학대를 이어갔다. 그 형은 아버지의 돈을 훔쳐 집을 뛰쳐나왔다.

　돈을 손에 쥔 그 고2 형이 주승이에게 함께 가출하자고 해서 따라나섰다는 것이다. 가출한 둘은 멀리 강원도 태백까지 가서 방을 얻어 게임하고 놀며 지냈고, 돈이 떨어져 고깃집 알바로 불판을 닦았다. 그러다 개학이 다가오니 덜컥 겁이 났던 모양이다. 더 이상은 못 버티고 들어온 것이다.

　아내는 그런 주승이를 이해하지 못했다. 학생의 본분을 망각한 일탈이었기 때문이다. 그러나 우리 부부는 탕부가 되기로 했으니 주승이를 받아들이고 함께 노래방까지 가서 신나게 놀았다. 흥겨운 시간을 보낸 뒤 주승이가 갑자기 무릎을 꿇고 우리에게 용서를 구했다. 자기 잘못을 알 테고 자신이 가장 마음 졸였으리라. 그렇게 우리 부부는 탕부의 마음으로 주승이를 품었다. 지금 생각해도 참 잘한 일이라 생각한다.

성장

중3이 된 주승이는 슬슬 일진을 정리하기 시작했다. 기초공부가 안 되어 있는 데다 일진과 어울려 다니다 가출까지 하고 나니 공부가 쉬울 리 없었다. 고등학교 진학이 신설고등학교로 배정되었다. 그 학교는 선배 일진들이 쫙 포진되어 있었고 주승이를 영입하려고 여러 루트로 스카우트(?) 제의까지 해오고 있었다. 그 학교로 가면 도저히 일진과 분리될 수 없다고 판단해서인지 주승이는 고등학교 입학 자체를 하지 않겠다고 했다. 검정고시를 치겠다는 것이었다.

우리 부부는 또 한 번 '멘붕'에 빠졌지만, 대학 입시 재수를 미리 한다 여기고 1년을 기다려주자고 합의했다. 주승이는 1년 뒤에도 고등학교 진학을 하지 않고 용인시청에 새로 생긴 검정고시반에 들어가 검정고시를 패스했다. 2년 만에 고등학교 과정을 마친 것이다. 그 후 주승이는 일진들을 다

해체해 버렸다.

장애인 하나로 인해 가족 안에 파생되는 영향은 결코 작지 않다. 생각보다 크다. 그런 예는 숱하다. 장애인 한 사람을 돌보느라 다른 자녀가 방치된다. 그로 인한 힘겨움은 고스란히 그들이 받아내고 고통의 응어리는 다시 커져 가정 내 아픔은 점점 확장된다. 자녀뿐 아니라 부모의 고통도 이만저만이 아니다. 주승이는 장애인 가정 내의 직접적인 피해자다. 내가 상담치유자이면서도 주승이의 결핍과 외로움을 치유하지 못했다. 앞으로도 계속될 나의 숙제다.

사람들은 약해 보이는 것은 짓밟고 조롱하고 무시한다. 나와 다른 것은 수용하지 않는다. 주류는 비주류와 선을 긋는다. 정상은 비정상을 함부로 대한다. 비장애인은 장애인을 깔본다. 이런 식으로 구분하는 것도 자기가 기준이다. 그리고 자기가 이룬 성취가 곧 자기 자신인 줄 안다. 자신이 소유한 고급 자동차가 자기인 줄 안다. 자신의 명품 가방과 고가의 시계를 자신과 동일시한다. 그러니 그것을 잃으면 모든 것을 잃었다고 착각한다. 인간의 죄 된 본성이다.

만 원짜리 지폐가 구겨져도 만 원의 가치 그대로이듯 사람은 존재 자체로 이미 존귀하다. 소유나 성취, 업적과 상관없이 인간은 그 자체로 존엄하다. 그 자체로 가치 있다. 인

지선아 고마워

간의 가치는 풍부하게 소유하는 것이 아니라 풍성하게 존재하는 데서 빛난다.

어느 날 주승이가 말했다.

"아빠, 나 목사님 될 거야."

속으로 '이건 또 무슨 뚱딴지 같은 소리야' 싶었지만 부드럽게 물었다.

"왜 그런 생각을 했니?"

내 물음에 의외의 답이 돌아왔다.

"누나 같은 사람 돌보려면 돈이 많아야 되는 줄 알았어. 근데 우리 교회 보니까 사랑부(장애인 부서)에서 누나를 많이 도와주는 거 같아. 그래서 목사님 되려고."

코끝이 찡했다. 누나로 인해 그토록 힘든 시간을 보낸 주승이가 누나를 통해 배우고 성장해왔구나 싶었다.

감사나눔

2010년은 내 인생의 변곡점이었다. 지선이의 조혈모세포 이식과 주승이의 일탈로 심신이 지쳐 있었다. 나는 아버지학교를 통해 좋은 아버지가 되고 싶었고, 사단법인 아름다운가정 만들기를 통해 우리 가정뿐 아니라 세상의 많은 가정을 아름답게 만들어가는 일에 작은 보탬이 되고 싶었다.

　EBS 프로그램 〈부부가 달라졌어요〉에 패널로 5년을 함께했고, 〈다큐 프라임〉에도 출연하고, 몇몇 종합편성채널에도 나갔다. 하지만 이 과정에서 내 안에 질문이 끊이지 않았다. 나는 좋은 아버지인가? 우리 가정은 아름다운가? 장애아를 둔 가정은 아름다운 가정이 되기 어려운가? 왜 그래야 하는가? 그러던 차에 '감사나눔'이라는 프로그램을 배울 기회가 생겼다.

　아버지학교로 연이 닿은 다보스병원 원장과 직원들이 식

사하는 자리에서 병원 팀장이 조그마한 신문 스크랩을 보여주었다. 철강기업인 포스코에서 감사나눔을 해왔는데 회사 성과도 향상되고 직원들의 이직률이 현저하게 떨어졌다는 내용이었다. 병원장은 내게 '포스코에 가서 감사나눔을 배운 뒤 다보스 병원에 적용해주면 어떻겠냐'는 제안을 해왔다.

이후 나는 감사나눔을 배우기 위해 포스코로 내려가 살았다. 감사나눔에서 처음 하는 실습이 있는데, 어머니에 대한 100가지 감사를 쓰는 것이다. 대부분, 아니 참가자 거의 전부가 어머니에게 감사한 100가지를 쓰면서 눈물 콧물을 흘렸다.

나는 지선이에게 100가지 감사를 썼다. 그냥 지선이가 떠올랐고 지선이에게 쓰고 싶어졌다. 그런데 막상 쓰려고 하니 감사보다 원망이 먼저 스쳐갔다.

'내가 지선이에게 감사할 게 뭐가 있나… 지선이 때문에 얼마나 고생했는데… 지선이가 우리에게 감사해야지… 굽이 굽이 거쳐온 길이 불인지 물인지, 마른 땅인지 젖은 땅인지도 모르고 허겁지겁 살아왔는데….'

하지만 잠시 원망하는 마음을 다독이고 펜을 들고 한 줄 한 줄 써내려가기 시작했다. 그러자 목구멍으로 뜨거운 기운이 솟구치며 눈물이 쏟아졌다. 당시 써내려간 100가지 감사

중 일부를 나누면 다음과 같다.

- **사랑하는 지선이에 대한 감사**

1. 무슨 감사부터 해야 할까? 너만 생각하면 미안하고 죄인 된 심정이다.

2. 첫돌을 지나 열 경기로 가슴 태웠다. 이 병원 저 병원 다니며 결국 서울대 어린이병원에 입원했었지. 온갖 방법을 다 써도 열이 내리지 않아 고생했었는데 지금까지 살아줘 감사해.

3. 7년 동안 1년에 5-6개월을 병원에 입원해 있으면서도 건강해줘서 고마워.

4. 지적장애 2급이라는 판정을 받고 하늘이 무너졌어. 나는 거기에 완전히 깔려버렸지만 다시 일어나 여기까지 온 것 감사해. 네가 없었다면 할 수 없는 일이었어.

5. 특수어린이집을 다니면서 받은 부모교육 때 네가 하늘이 준 특별한 선물임을 깨닫고 감사했어.

6. 네가 장애가 있다는 것을 늘 숨기며 살았는데 언제부터인가 자신있게 내 딸이라고 말할 수 있어서 감사해.

7. 조혈모세포 이식을 받기까지 무려 4년 동안이나 견디며 오늘까지 살아온 것은 기적이라고 말할 수밖에 없

다고 얘기해준 의사선생님께 감사해. 그 말을 듣고 하나님께 삿대질한 것 회개하고 무릎 꿇고 하나님의 신실하심에 감사했어.

8. 먼 훗날 아빠엄마가 없을 때 네가 어떻게 살아갈지 막막하지만 하나님이 지켜주실 것이라는 믿음을 가질 수 있어 감사해. 하나님은 언제나 선하시고 언제나 함께하시니 너를 맡기면 잘 맡아주시리라 믿어. 사실 너는 하나님의 딸인데 우리가 잠깐 맡은 거거든.

9. 동생들이 늦게까지 안 들어오면 걱정하며 기도해줘 감사해.

10. 이젠 컸다고 짜증내고 화도 내줘 감사해. 감정을 표현하는 것이 기특해.

11. 심부름을 시키면 쫑알거리면서도 잘해줘 감사해. 너의 투덜거림이 얼마나 귀여운지 너는 모를 거야.

12. 슬프거나 혼났을 때 나에게 안겨 울어줘 감사해. 나도 너처럼 하나님 품에 안겨 종종 울거든.

13. 깔끔하고 정리정돈 잘하는 할머니 닮아 감사해. 말투도 할머니와 똑같은 게 신기할 뿐이야. 너의 방과 서랍을 보면 사람을 기분 좋게 해.

14. 집에 들어오면 언제나 끌어안고 뽀뽀해줘 감사해.

15. 네가 너무 고통스럽고 아플 땐 아빠는 아주 나쁜 마음을 가졌단다. 미안하고 고마워.

16. 스물한 살인 네가 이제 옷 갈아입을 때 창피하다며 네 방에서 갈아입어서 감사. 숙녀가 된 것 같아 뿌듯해.

17. 사춘기 때 교복가게 앞을 지나며 "아빠, 나도 친구들처럼 저런 옷 입고 싶어" 말해줘 감사했어.

18. 소중한 사람 이름을 기억하기 위해 수십 번 적는 네 모습이 너무 아름다워. 기억했다가 이름 불러주면 감동이지. 고마워.

19. 늘 약자 편에서 공감해주는 너의 모습이 진정 어른이라는 생각이 들어 감사.

20. 철없는 아빠 철 들게 해줘 감사.

그렇게 감사나눔의 시작도 지선이로부터였다. 지선이를 통해 감사가 봄날 쑥 돋듯 파릇파릇 돋아났다. 장애아인 지선이로 인해 감사가 넘쳤다면 뭔소리인가 할 것이다. 비장애인의 시선으로는 그러할 것이다.

나는 지긋지긋한 나 중심에서 하나님 중심으로 신앙의 축이 완전히 이동했다. 물론 내가 '나 중심'에 갇혀 있단 생각은 고난 전에는 미처 하지 못했다. '나 중심'의 사고와 관점은 지구의 자전과 공전처럼 자동으로 돌아갔으므로.

나는 장애아인 지선이를 키우면서 사람을 존재 자체로 보는 법을 배웠다. 지선이의 언어는 하나님의 언어였다. 지선이의 관점은 어떤 색안경도 쓰지 않은 순도 백퍼센트였다. 우리는 어쩌면 존재 자체로 사람 보는 법을 잃어버렸지도 모른다. 학벌, 재력, 사는 동네, 아파트 평수, 자동차, 옷 차림새 등등이 그 사람을 가리기 때문이다.

나는 수많은 영성가들과의 만남에서 그들의 공통점을 알았다. 영성이 깊을수록 존재 자체로만 본다는 사실을.

헨리 나우웬

가톨릭 신부인 헨리 나우웬은 하버드대학에서 영성신학을 가르치는 교수였다. 아울러 저술 강연을 통해 사람들에게 치유의 길을 열어준 존경받는 영성작가였다. 마더 테레사, 토마스 머튼과 함께 20세기 세계적 영성가인 *그*가 신경쇠약증과 우울증에 걸렸을 때, 이를 치유하기가 쉽지 않았다. 이미 그가 선생인데 어떤 선생에게 치유를 받겠는가. 고민 끝에 그는 지적장애인이 모여 있는 라르쉬 공동체에 가기로 했다. 전 세계 지성인들이 말렸다.

"당신이 거기 가는 것은 오만한 것이다."

"그 일은 다른 사람들이 할 수 있지만 당신 자리는 아무도 대체할 수 없다."

"당신이 하는 설교를 그들은 알아듣지도 못할 텐데 왜 굳이 가려고 하느냐?"

지선아   고마워

숱한 말과 질문에 헨리 나우웬이 대답했다.

"나는 그들을 치유하러 가는 것이 아니라 나를 치유하러 가는 겁니다."

헨리 나우웬이 라르쉬 공동체를 처음 방문했을 때 사람들이 물었다.

"당신은 누구십니까?"

"저는 하버드대 교수였던 헨리 나우웬입니다."

"하버드가 뭐예요?"

"전 세계인이 공부하고 싶어 하는 곳인데 저는 거기서 최고의 교수였습니다."

"사람들은 왜 공부하나요?"

충격이었다. 지금까지 이런 질문을 받아본 적이 없었기 때문이다. 그날 밤 그는 일기에 이렇게 적었다.

오늘 나는 놀라운 경험을 했다. 여기 사람들은 내가 하버드대 교수인 것과 많은 업적을 세운 것을 몰랐다. 관심도 없다. 나는 나의 소중함의 판단 기준을 직업과 직장, 학벌에 두고 있음을 새삼 깨달았다. 이곳에서 나는 그저 헨리 나우웬일 뿐이다. 하나님이 사람을 대하는 방식과 동일하게 그들은 나를 바라보았다.

그곳에서 그의 우울증은 비로소 치료되었다. 심장마비로 세상을 떠날 때까지 나우웬은 지적장애인 공동체 라르쉬에서 머물렀다.

지적장애와 감정장애

우리는 흔히 고도의 지능과 인지능력을 지닌 고등동물인 인간에게는 지적장애가 굉장히 치명적일 거라고 생각한다. 그렇기 때문에 이성적이고 논리적인 판단 영역과 직결되는 뇌 기능이 문제가 있는 지적장애인의 경우, 자기 자신의 삶이나 일상을 영위하기가 쉽지 않을 거라고 여긴다.

그뿐 아니라 다른 사람을 돕거나 돌보는 면에서도 문제가 많을 것으로 예단한다. 그래서 지적장애인이 부모가 될 경우, 자녀를 보살피고 양육하고 키우는 가장 기본적인 역할을 제대로 수행하지 못할 것이라고 자연스레 단정하는 것 같다.

이와 관련하여 언젠가 인지심리학자인 김경일 아주대학교 교수의 인터뷰를 본 적이 있다. 유튜브 채널 〈조현TV 휴심정〉에 올라온 내용이었는데, 김 교수는 그 인터뷰에서 인간이 지닌 장애에 관해 얘기했다. 그는 대표적으로 '지적장애'와 '감정장애' 두 가지를 얘기했는데, 굉장히 흥미로운 내용이었다. 인터뷰에서 그가 얘기한 요지는 다음과 같다.

사람을 움직이는 것은 감정이다. 감정 영역이 망가진 사람은 중요한 결정을 할 때 악수를 두고 아예 결정을 못 할 때도 있다. 내가 격앙될 때가 있다. 지적장애인 부모가 자녀를 똑바로 양육하지 못할 거라는 생각이 얼마나 주제넘은 생각인지를 말할 때이다.

실제로 말단의 동물부터 인간까지 이성적이고 논리적인 판단을 하는 뇌가 정상이더라도 감정의 뇌가 비정상일 때 제일 안 좋은 인간이 나온다. 소시오패스가 대표적이다.

최근 자기 자녀를 해하는 부모가 많은데 감정에 문제가 있는 부모다. 지적장애인은 논리적이고 계산 능력이 좀 떨어지는 것이지 자녀를 보살피고 돌보는 데 전혀 문제가 없다. 심지어 동물도 그렇다. 감정의 뇌를 손상시키고 이성적인 뇌만 정상이면 동물도 자기 새끼를 제일 먼저 죽인다. 계산해보니 이익이 없는데 왜 보살펴야 하는가 하고 죽이는 것이다.

인간이 가장 안 좋은 상태는 계산은 되는데 감정이 망가져

지선아   고마워

공감을 못하는 것이다. 실제로 연구해보면 지적장애인 부모 밑에서 자란 자녀는 경제적으로 윤택하지 못해 힘들었을지라도 따뜻한 돌봄을 받았기 때문에 평균 이상의 사회 구성원이 되어 있다. 필요한 사람이 되어 있다.

높은 지적 능력을 가졌지만 감정이 심하게 고장난 소시오패스의 대표적인 사람이 히틀러다. 지적장애인을 열등하다고 여겨 다 죽였다. 정작 본인이 사회악임을 몰랐다.

내 아이의 생존력을 키우기 위해 가장 중요한 것이 적절한 감정 체계의 발달이다. 이것이 발달하지 못한 사람들이 사회에서 계속 사고를 친다. 그 사람들이 강자의 위치에 가장 빨리 올라가고 가장 빨리 내려온다.

아이들의 감정 발달은 소홀히 하면서 지적 능력을 중요하게 여기며 엉뚱한 곳에 투자하는 것은 안타까운 일이다. 지금까지 우리가 봐왔던 수많은 끔찍한 반인륜적 범죄를 저지른 사람들은 지적 문제가 아니라 감정에 문제를 가진 사람들이었다.

누가 누구를 장애라고 할 수 있는가? 감정 장애가 더 큰 문제다. 울어야 할 때 울지 않고 아파해야 할 때 아파하지 않는 것이 가장 큰 장애다. 보건복지부에서 다른 코드로 장애를 분류해야 한다고 생각한다. 지난 수만 년 동안 사회에 가장 큰 해악을 끼친 인간은 능력 있으면서 못된 인간, 즉 감정에 문제 있는 인간들이었다.

작별

2021년 6월 26일 토요일. 지선이는 아침 먹고 나서 병원 침
상에서 스트레칭을 하고 잠시 쉬는 동안 떠났다. 엄마아빠
앞에서 갔으니 효도한 것이다.

서른 살의 지선이를 용인 평온의 숲에 안치했다. 호랑이는
죽어서 가죽을 남기고 사람은 죽어서 이름을 남긴다는 옛말
이 있다. 여기서 이름값은 떠나간 이의 삶의 흔적과 향기 아
닐까.

장례 과정에서 지선이 초등학교 때 선생님이 찾아와 들려
주신 이야기와 교회 사랑부 선생님들, 복지관 선생님들이 들
려주신 회고담들이 깊은 감동을 주었다. 그런데 조문을 모두
다녀간 이후 복지관의 김지수 선생님이 밤 11시가 넘은 시
각에 다시 찾아왔다. 지선이를 그냥 보낼 수 없다며 지선이

를 사랑하는 사람들 곁에 있고 싶어 온 것이라고 했다. 지수 선생님을 통해 지선이의 삶의 흔적과 향기를 새롭게 발견할 수 있었다.

지선이는 복지관에서 자기보다 더 어려운 친구들을 헌신적으로 돌봐주었다고 한다. 친구들이 관계 문제로 속상해하면 자신이 나서서 화해시켜주었고, 다음 날이면 새날을 맞이한 새사람처럼 다시 친하게 지내며 관계를 이어갔다. 연약한 몸으로도 친구들을 꾸준히 돌보고 도와주는 지선이 모습을 보면서 예수님이 지선이와 함께하신다는 걸 알았다고 했다. 그래서 지수 선생님은 지선이와 나중에 선교지에 함께 가기로 했단다. 눈물을 흘리며 하나씩 들려준 이야기는 나 자신을 부끄럽게 만들었다.

육아휴직 후 9월에 복지관에 복직하는데 지선이의 추억이 곳곳에 묻어 있어 복직할 자신이 없다며 고개를 떨구던 지수 선생님⋯. 사실 우리도 집에 돌아와 베란다의 싱싱한 화초를 봤을 때 지선이가 떠올랐다. 자기 몸이 아파 병원으로 급히 가야 하는 순간에도 꽃들이 목말라한다며 화초에 물을 주고 가자던 지선이⋯. 병원에서 쓰던 지선이 물통이 눈에 들어왔을 때는 지선이 생각이 나 심장이 멎고 숨이 쉬어지지 않았다.

진심 어린 지수 선생님의 이야기를 통해 다시 지선이를 만날 수 있었고, 지선이가 그런 사람이 되도록 도와준 선생님에게 감사했다. 우리 부부는 지선이보다 한 살 어린 지수 선생님을 딸로 삼기로 했다.

지선이 유해는 납골당 맨 마지막 자리, 제일 낮은 곳에 안치했다. 가장 낮은 자리에서 살다 간 지선이는 죽음의 자리도 가장 낮은 곳이었다. 지선이가 아플 때 기도하고 성원해주신 모든 분들에게 늦게나마 다시금 깊이 머리 숙여 감사드린다. 자식이 부모 먼저 떠나 부고를 알리기가 내키지 않아 제대로 소식조차 전하지 못했다. 뒤늦게 소식을 듣고 마음 아파하며 위로해주고 함께 울어준 지인들께 또한 깊은 감사를 전한다.

자꾸 감사를 전할 이들이 떠오른다. 지선이를 사랑하는 마음으로 처음부터 끝까지 장례절차를 함께 해준 향상교회 담임목사님을 비롯하여 많은 교우들에게도 진심으로 감사드린다. 장례에 동행해준 아버지학교 형제님들에게도 거듭 감사를 전한다.

우리 앞에 놓인 삶은 늘 깨우치며 살아가야 하는 것이라 생각된다. 지선이는 감사의 열매, 예배의 열매, 기도의 열매를 보여주고 떠났다. 그리운 지선이를 다시 만날 때까지 그 삶을 오래도록 기억하며 살아가려 한다. 일찍 하늘나라로 돌아간 지선이를 통해 나는 앞으로 남은 삶을 어떻게 살아야 할지 자문하면서 무엇보다 늘 감사하는 삶을 살겠노라 다짐해본다.

지선아   고마워

장례식

지선이의 장례식은 참 따스했다. 자식의 죽음이라 널리 알리지도 않았는데 어찌들 알고 왔는지 밤 늦도록 조문이 이어졌다. 코로나 상황임을 고려하여 알아서 인원을 나누어 조문하고 갔다. 향상교회 목사님, 집사님, 사랑부 선생님과 친구들, 지선이 초등 시절 선생님, 복지관 선생님들과 친구들….

조문하는 분들마다 한결같이 하는 얘기가 있었다. 지선이에게 사랑을 받기만 하고 돌려주지 못해 안타깝고 미안하다는 것이었다. 모두들 입을 모아 '지선이는 해피바이러스였다'고 했다. 지선이는 평소 "잘생겼다" "이쁘다" "사랑스럽다" "귀엽다" "최고다" "짱이다" "잘한다"는 말을 진심을 담아 했는데, 진정 어린 지선이의 말을 들으면 용기도 생기고 마음도 훈훈해졌다고 했다.

누나에 관한 이야기를 듣고 주승이와 주영이가 놀라워했다. 누나는 그저 장애인으로서 늘 누군가의 도움을 받아야 하는 연약한 사람인 줄 알았는데 언제 어디서든 따사로운 햇살로 살았다는 것을 느꼈다고 했다. 누가 보든 안 보든, 알든 모르든 지선이는 자신에게 주어진 상황과 그때그때 만나는 이들에게 최선을 다해 사랑을 드러냈다.

자산가도 아니고 명예를 가진 사람도 아니며 근사한 직장을 가진 것도 아닌 한 장애인의 죽음 앞에 참 많은 사람들의 애도가 있었다. 우리 가족은 장례식을 통해 지선이를 좀 더 입체적으로 알게 됐다.

> 내 인생을 통해 얻은 부를 나는 가져갈 수 없다.
> 내가 가져갈 수 있는 것은 사랑이 넘쳐나는 기억들뿐이다.
> 그 기억들이야말로 당신을 따라다니고, 당신과 함께하고,
> 지속할 힘과 빛을 주는 진정한 부이다.

스티브 잡스가 죽음을 앞두고 남긴 유언으로 알려진 말이다. 잡스의 유언이 아니라는 반박도 있지만, 그 여부가 그렇게 중요한 건 아닌 것 같다. 지선이는 사랑의 부자였고 남겨진 우리에게 사랑이 넘쳐나는 추억을 선물했다. 지선이를 기

억하는 사람들은 한결같이 행복했던 순간들을 이야기하고 있었다.

프랑스 철학자 롤랑 바르트는 "글을 쓴다는 것은 사랑하는 대상을 불멸화하는 일"이라고 했다. 내가 지선이의 삶을 글로 남기려는 이유다.

태평양 건너에서도 부고를 어찌 들었는지 조의금을 전해온 이가 있다. 호주 시드니 삼일교회 성도들과 줌(ZOOM)으로 감사나눔 세미나를 두 번 정도 했는데, 참석자 중에는 유학 중이던 38세 자매도 있었다. 어려운 형편에도 공부를 하고 싶어 유학을 떠났다니 타국에서 적잖은 고생을 했을 것이다. 그런데 그 자매가 그 멀리에서 위로와 함께 유학생으로서는 상당히 큰 액수의 조의금을 보내주었다. 우리 부부는 큰 위로와 감동을 받았고, 의미 있는 일에 쓰기로 했다.

나는 아내와 상의한 후 자매가 보내준 조의금에 좀 더 보태 호주 브리즈번의 한 교회에 건축헌금으로 보냈다. 그 교회 목사님은 내가 참여하는 감사나눔 운동을 국내외로 활성화하는 데 큰 도움을 주신 분이다. 나의 첫 책《감사나눔의 기적》(비전북)을 출판하는 일에도 열의를 다해 힘을 보태주었는데, 기회가 되면 그 교회에 헌금하려고 이미 마음먹고 있던 차였다.

　마음을 담아 흘려보낸 돈은 닿는 곳마다 푸른 초장, 쉴 만한 물가를 이루었다. 그렇게 돈은 가야 할 곳으로 가닿아 우리의 종으로 쓰이는 것을 우리는 경험해왔다.

죽음 이후의 말들

지선이가 하늘나라로 돌아가고 난 뒤 주변에서 들은 어떤 말들은 쉽게 잊히지 않는다. 어떤 이들은 지선이의 죽음을 잘된 일이라고 했다. 살아 있다 한들 장애를 지닌 지선이가 부모에게 무슨 유익이 있겠느냐는 얘기였다. 본인은 본인대로 고통이고 가족도 힘들고 주변에 폐만 끼치니 하늘나라 가는 것이 모두에게 유익이란다. 교회 장로님이나 집사님이라는 분들이 그런 말을 했다.

천만에 만만에! 뭘 모르시는 말씀이다. 그런 말을 위로라고 하는가. 그게 과연 자식 잃은 부모를 생각해서 하는 말인가. 나는 그 말들이 너무 아프게 들린다.

그것은 한 인간의 생애를 효용성과 효율성으로 평가하는 비인간적인 사고를 드러내는 말이다. 그것은 지선이가 얼마나 많은 사람에게 유익을 끼쳐왔는지, 얼마나 진정으로 사람을 대하며 살았는지 모르고서 하는 말이다. 스스로 똑똑하다고 여기면서 저지르는 숱한 불법과 탈법, 거짓말과 헐뜯는 말들, 자기 유익만을 챙기는 사람들이 오히려 장애인이라는 것을 모르고 하는 말이다.

비장애인이자 지성인이라는 그분들이, 교회의 직분자라는 그분들이 성경에 얼마나 밑줄을 그으며 살았는지 모르지만, 장애인인 지선이는 '삶'에 밑줄을 그으며 살았다. 언제 어디서든 사람에게 집중하면서 상황을 화목하게 하고 사람과 사람을 연결하는 사랑의 메신저로 살았다.

나는 자주 지선이 앞에서 부끄러움을 느꼈다. 지선이를 통해 삶의 진정성을 배웠다. 나는 고난을 온몸으로 받아내는 지선이와 함께하는 시간을 통해 타인들의 아픔에 마음을 포갤 줄 알게 되었다.

●

미래

지선이와 미래는 단짝이었다. 지선이는 작고 왜소하지만, 미래는 키도 크고 덩치도 있다. 말을 전혀 못 하는 미래는 스스로 할 수 있는 일이 많지 않다. 나이는 지선이보다 한 살 위다.

지선이와 미래는 같은 장애인복지관을 오래 다녔다. 1년에 360일을 만났다. 세상을 떠나기 전까지 지선이는 그렇게 7년을 미래와 함께했다. 지선이는 미래가 화장실에 가면 따라가서 닦아 주고 손을 씻기고 옷을 올려준다. 지선이가 그렇게 하지 않으면 미래는 옷을 올리는 둥 마는 둥 한다.

그림을 그리면 함께 그리고 인형놀이도 진짜처럼 한다. 인형의 머리를 같이 감기고 옷도 입히고 잠도 재운다. 지선이는 미래에게 늘 "이쁘다" "귀엽다"고 한다. 미래의 머리를 빗겨주고 등을 토닥토닥 해준다. 미래가 아는지 모르는지도 모른다. 표현을 못 하기 때문이다. 물론 표현은 못 했어도 미래도 알았던 것 같다.

덩치 큰 미래와 함께 지내는 것이 지선이에게는 적잖이 힘들었을 텐데 한 번도 투덜거리거나 그 일을 허투루 하지 않았다. 지칠 만도 한데 항상 한결같이 미래를 챙기고 도와주며 이쁘다고 했다. 주말까지도 우리 집에서 지선이와 함께 보냈다.

지선이가 떠나고도 미래는 우리 집에 왔다. 오늘은 아내 대신 내가 미래를 복지관으로 데리고 갔다. 뒷좌석에 앉은 미래를 룸미러로 보니 마음이 저려왔다. 미래는 창밖으로 먼 들판을 초점 없이 바라보고 있었다. 복지관으로 가는 익숙한 길 위에서 지선이를 생각하고 있는 걸까? 동고동락했던 지선이의 빈자리가 얼마나 공허할까?

둘 사이에는 지선이가 마지막으로 병원에 있었던 50일간의 공백이 있다. 미래는 지선이를 다시 만날 줄 알고 우리 집에 왔을 것이다. 그러나 이제 지선이는 없다. 미래는 죽음이라는 것을 알까? 지선이를 다시 볼 수 없다는 것을 알까? 우리 집에 왔을 때 미래는 주인 없이 비어 있는 지선이 방을 눈만 꿈벅꿈벅 하며 바라봤다.

지선이는 병원에 있으면서 자신이 아픈데도 미래 걱정을 했다. 지선이를 위해 미래와 영상 통화를 연결해주었다. 지선이는 영상 속 미래 얼굴을 한없이 쓰다듬으며 울었다. 말을 못 하는 미래도 환자복을 입고 코에 뭔가를 꽂고 누워 있는 지선이를 보며 울었다. 대화랄 것도, 소통이랄 것도 없는 영상 통화를 하는 동안 서로 화면 속 얼굴을 만지며 울기만 했다.

다시 만날 날을 기다렸을 미래는 그렇게 지선이와 영영 이별하게 되었다. 미래를 태우고 오는 내내 나도 울었다. 말 못하는 그 아이의 마음이 느껴져서. 미래가 너무 안쓰러워서. 나도 지선이가 그리워서.

지선이가 미래와 함께하고 미래를 대하는 모습에서, 그렇게 매 순간 정성을 다해 한결같이 한 존재에게 집중하는 모습을 보면서, 나는 자주 부끄러움을 느꼈고 영감을 얻기도 했다.

문득 지선이의 말이 가슴에 와 박힌다.

"아빠, 가족끼리는 사랑하는 거야. 조용히 따뜻하게 말해야지. 그래야 사랑이지."

우리는 자본주의에 최적화되면서 사람과 생명에 대한 존

중이 희미해져가는 시대에 살고 있다. 사람들은 자신을 부풀리고 화려한 스펙을 과시하며 먹이사슬의 정상을 향해 앞만 보고 달려간다. 화려하지 않지만 단단하게 영근 한 아이를 통해 장애인·비장애인이 아니라 그저 한 사람, 그 존재 자체로 존귀함을 다시 새겨본다.

참된 빛은 과시하지 않으면서 가만가만 주변을 밝힌다.

김지수 선생님

지선이가 다니고 있던 장애인복지관에 김지수 선생님이 부임했다. 선생님에게는 첫 직장이었다. 지선이보다 한 살 아래인 지수 선생님과 지선이는 빠르게 친해졌다.

선생님이 오른손을 늘 감추고 다닌다는 사실을 지선이는 금방 알아채고 섬세하게 배려했다. 그리고 늘 선생님에게 시선을 집중했다. 다른 친구들이 놀리거나 요상한 분위기가 조성되면 선생님을 화장실로 자연스럽게 불러내거나 그림을 봐달라고 요청함으로 선생님의 난감한 상황을 정리해줬다.

선생님 또한 지선이 얘기에 늘 귀 기울이고 공감해주었다. 지선이가 "아무개가 지선이에게 이래저래 해서 속상해요" 하면, "아~ 아무개가 지선 씨에게 이래저래 해서 속상했군요. 맞아요. 지선 씨가 속상할 거 같아요. 지선 씨 말이 옳아요" 하며 맞장구쳐주었다. 지선이가 해가 서쪽에서 뜬다고 하면 "맞아요. 해는 서쪽에서 뜨지요"하며 늘 지선이를 수용해주었다. 서로가 서로에게 따뜻한 지원군이 돼주었다.

세상에 내 모든 것을 수용해주고 인정해주는 단 한 사람이 있으면 사람은 죽지 않는다고 한다. 지선이는 말이 앞서거나 말만 한다거나 하지 않았다. 다만 행동할 뿐이었다. 최고의 영적 언어는 행동이라고 한다. 한 번 두 번 시간이 지나면서 지선이의 행동이 여러 번 쌓이니 선생님도 자연스럽게 알게 됐다고 한다. 지선이가 선생님에게 집중하면서 선생님을 도와주려 한다는 것을, 사랑하고 있다는 것을.

재채기, 거짓말, 사랑, 이 세 가지는 감출 수 없다지 않은가. 사랑은 감출 수 없고 숨겨지지 않는 것이다. 지선이는 선생님에게 자주 선물을 했다. 헤어밴드, 머리핀, 목걸이, 반지 등 자신이 좋아하는 것을 선생님에게 선물로 주었다. 지선이 수준에서 좋아하는 것이니 선생님에게는 유치했을 것이다. 그러나 전하는 사람의 진심은 전해졌을 것이다.

보이지 않는 보폭으로 담을 오르는 담쟁이처럼, 지선이는 자기만의 보폭으로 소리 없이 삶을 오르고 있었다. 말이 넘쳐나는 세상에서 장애인이라는 이유로 아무도 관심 두지 않

는 그 낮은 구석 자리에서도 지선이는 지금, 여기를 따숩게
살아내고 있었다.

교통사고

2018년에 지선이는 교통사고를 겪었다. 불법 유턴하던 SUV 차량이 지선이를 태우고 가던 아내의 차 뒤쪽을 들이받았다. 뒷좌석에 타고 있던 지선이의 쇄골이 골절됐다. 수술하면 빨리 붙는다는데 지선이에게 수술은 너무 힘든 일이어서 수술 없이 저절로 붙는 쪽을 택했다. 뼈가 붙는 데 족히 2년이 걸렸다.

교통사고 후 복지관을 6개월 쉬었다가 다시 나가기 시작했는데 그해 12월 22일 복지관에서 연락이 왔다. 지선이가 독감에 걸린 것 같으니 데려가라는 것이었다. 그때 준형이라는 친구도 독감에 걸렸는데 준형이는 일주일 만에 세상을 떠났다.

지선이도 생사를 넘나들다 간신히 살아났다. 그만큼 이 아이들은 면역력이 약했다. 지선이가 살았다고 감사할 수도 없었다. 서로 잘 통하던 준형이가 갑자기 세상을 떠났기 때문이다. 지금도 준형이 엄마는 아들의 방과 물건을 그대로 둔 채 날마다 준형이와 대화를 한다고 했다. 엄마의 마음에는 영원히 살아 있는 아들일 것이다.

교통사고를 당하기 전까지 지선이는 건강했다. 야외 캠프를 갔는데 오후 1시부터 밤 10시까지 쉬지 않고 춤을 추고 웃고 뛰며 좋아했다. 그만큼 에너지가 넘쳤다. 지선이가 얼마나 행복해하던지, 그날의 모습이 잊혀지지 않는다. 지선이가 그렇게 춤을 좋아하고 잘 추는지 그때 처음 알았다.

캠프에서 1박을 한 그날 지선이는 엄마와 자지 않고 지수 선생님이랑 잤다. 지수 선생님은 지선이가 100번 질문하면 100번을 한결같이 대답해줬다. 무엇을 물어보든, 어떤 말을 하든 일단 다 답해주고 받아주고 수용해주었다. 엄마도 쉽게 할 수 없는 일이다. 그래서 지선이는 지수 선생님을 좋아하고 따랐다. 지수 선생님은 지선이의 무조건적인 배려와 사랑으로 열등감을 극복했다. 선생님과 학생이라고는 하지만 한 살 차이밖에 안 나는 아름다운 우정이었다.

평온의 숲

용인 평온의 숲 납골당 안에 들어가보면 여기저기 조화와 생화가 곳곳에 쌓여 있고 영정사진 앞에도 아주 작은 꽃들이 붙어 있다. 꽃 옆 자그마한 엽서에 몇 글자 안 되는 각자의 사연들은 비슷하다. 사랑한다, 보고 싶다, 미안하다.

지선이 떠난 지 50일째, 네 식구가 평온의 숲을 찾았다. 나는 "보고 싶다"는 말을 하고 싶었다. 내게는 그 말이 마음을 제일 먹먹하게 한다.

지선이가 안치된 납골함은 제일 하단 끝자리에 있다. 생전에 지선이는 말없이 섬기고 항상 낮은 자리에 있었다. 장애인이라 더욱 그랬다. 지선이는 집에서 먹는 것도 욕심부리지 않고 언제나 나중에 먹었다. 치킨이나 피자를 먹을 때 지선이는 행동도 더디지만 천천히 먹고 나중에 먹는 아이였다.

평소의 삶처럼 지선이는 납골당에서도 제일 하단 마지막

지선아   고마워

끝자리에 안치되었다. 그 끝자리에서 전체를 완성시켜주었다.

  일요일이라 그런지 사람들이 많았다. 가로세로 30센티미터 정도의 납골함 앞에 가족들이 모여든다. 5미터쯤 떨어진 자리의 젊은 여성은 남편을 여의었는지 납골함이 안치된 유리문에 입김을 불어가며 깨끗이 닦고 작은 꽃을 테이프로 붙인다. 그리고 사진을 바라보며 한참이나 눈물을 흘린다. 차림새를 보니 일하다가 온 모습이다. 흐느끼는 뒷모습에 내 마음도 같이 운다. 옆에 있던 막내 주영이도 후두둑 떨어지는 눈물을 감추려 고개를 숙인다.

  이곳을 찾은 이들은 하나같이 떠난 이들이 그리워 온 사람들이다. 망자나 산 자 모두에게 만남의 광장이다. 부모를 먼저 보낸 자식들은 그래도 간간이 웃기도 한다. 하지만 자식을 보낸 부모나 젊은 배우자를 보낸 사람들은 웃지 않는다.

  그리움이 사무친다. 온몸이 구멍이다. 한여름인데 마음이 시리고 서늘하다.

●

소주 한 병

지선이를 보내고 사흘 만에 출근을 했다. 출근길에 소주를 한 병 샀다. 나는 평소 술을 못 마시는 체질이다. 그런데 술을 샀다. 술기운으로 울고 싶어 소주 한 병을 산 것이다.

아내는 지선이에게 못해준 것만 헤아리며 매일 운다. 같이 울어도 되는데 난 아내를 토닥이고 달래느라 차마 울 수 없다. 두 아들을 생각하며 이제 그만 울자는 말이 목구멍까지 올라오지만 참는다. 아내가 거실에서 눈물을 계속 닦고 있다. 두 아들은 각자 방에 들어가 잘 나오지도 않는다. 집안 분위기가 끝없는 해저의 밑바닥으로 가라앉는 듯하다.

오늘은 나도 울고 싶었다. 혼자 있는 사무실에서 눈치 볼 것 없이 맘껏 울고 싶어 마시지도 못 하는 소주를 샀다. 막상 마시려니 그마저 용기가 없어 소주는 다시 냉장고로 들

지선아   고마워

어갔다.

깊이 슬퍼하고 충분히 울어야 한다는데, 그리하여 잘 떠나보내야 한다는데, 그래야 다시 살아갈 힘을 얻어 잘 지낼 수 있다는데 그게 잘 안 된다. 내 감정에 충실하지 못하고 아내 눈치만 살핀다.

몸 여기저기가 아프다고 아우성을 친다. 몇 주째 운동도 못 했지만 속에 있는 감정을 쏟아내지 못해 더 그런 모양이다. 소주 대신 평소 즐겨 듣던 찬양을 틀어놓고 눈을 감는다.

날마다 숨 쉬는 순간마다 내 앞에 어려운 일 보네
주님 앞에 이 몸을 맡길 때 슬픔 없네 두려움 없네
주님의 그 자비로운 손길 항상 좋은 것 주시도다
사랑스레 아픔과 기쁨을 수고와 평화와 안식을

날마다 주님 내 곁에 계셔 자비로 날 감싸 주시네
주님 앞에 이 몸을 맡길 때 힘 주시네 위로함 주네
어린 나를 품에 안으시사 항상 평안함 주시도다
내가 살아 숨을 쉬는 동안 살피신다 약속하셨네

인생의 어려운 순간마다 주님 약속 생각해보네

내 맘 속에 믿음 잃지 않고 말씀 속에 위로를 얻네
주님의 도우심 바라보며 모든 어려움 이기도다
흘러가는 순간순간마다 주님 약속 새겨봅니다

지선아   고마워

애도의 유통기한

좀처럼 지선이를 떠나보내지 못하고 있다. 속히 회복하고 빨리 일어서는 건 무리일 테지. 좀 더 담담히 시간을 보내자 마음먹는다.

버스를 타고 출근하는데 앰뷸런스가 경적을 울리며 휙 지나간다. 순간, 기억이 공간이동을 한다. 나는 서울대병원에서 용인 다보스병원 장례식장으로 이동하는 중이다. 처음 타본 앰뷸런스 안은 좁지도 넓지도 않았다. 지선이는 하얀시트 아래 누워 있고 침대 위로는 벨트가 채워져 있다. 생명이 빠져나간 지선이의 주검 곁에서 나는 장례식을 어떻게 치를지를 생각하고 있다. 사랑하는 딸이 떠나자마자 마주하는 현실은 장례식이 기다리고 있다는 것이었다.

교보문고에 지선이가 좋아하는 책을 사러 몇 번 함께 간 적이 있다. 그러고 보니 그때 참 잘했다는 생각이 든다. 지선이는 마음에 드는 책이 있으면 계속해서 사달라고 조른다. 코로나로 인해 바깥 출입을 잘하지 못했던 터여서차에 태워 강남 교보문고까지 책 한 권을 사러 함께 갔다.

지선이는 캐릭터 그림이 그려진 만화책을 좋아했다.《빨강 머리 앤》은 특히 좋아했다. 책 한 권 사줬는데 차에 타서는 꼭 두 마디를 한다.

"아빠, 고마워. 그리고 미안해."

책을 사줬으니 고맙고, 여기까지 데려오려고 일부러 시간 내줘서 미안하다는 것이다.

지선이와 함께했던 추억이 떠오르거나 함께 시간을 보낸 장소를 가면 한동안 가슴이 먹먹해진다. 그럴 땐 먹먹한 가슴에 손을 얹고 나를 보듬어준다.

사람들은 흔히 '세월이 약'이라고 위로한다. 정말 세월이 약일까? 자식을 가슴에 묻은 부모에게도 정말 세월이 약이 될 수 있을까?

애도에도 유통기한이 정해져 있으면 좋겠다. 일정 기간이 지나면 슬픔이 효력을 잃어서 삶의 도처에서 순간순간 튀어

나와 마음을 무너뜨리는 일이 정말 없으면 좋겠다. 하지만 결코 그리될 것 같지가 않다.

반응하는 방식이
완벽함을 이룬다

잭 캔필드와 마크 빅터 한센의 책《아빠라서 다행이다》에 굉장히 감동적인 이야기가 나온다. 짧은 이야기들을 모아놓은 이 책에 "달려라, 샤야"라는 글이 있다. 이 이야기가 특히 내게 큰 감동을 주었다. 이야기의 주요 내용은 이렇다.

미국 뉴욕의 브룩클린에는 학습장애아들을 가르치는 처시라는 학교가 있다. 이곳은 일부 학생들이 일반 학교로 옮겨가는 경우가 비교적 많은 편이다. 이 학교의 기금 모금 만찬에서 어느 학생의 아버지가 잊을 수 없는 연설을 했다.

학교 측과 헌신적인 스태프들에게 감사를 표한 뒤 그가 말했다.

"내 아들 샤야의 완전함을 어디서 찾을 수 있습니까? 신이 하시는 일은 모두 완벽합니다. 하지만 우리 아들은 다른 아

지선아 고마워

이들과 같은 지능이 없습니다. 다른 아이와 달리 기억도 못하고 숫자도 세지 못 합니다. 그렇다면 신의 완전하심은 어디에 있습니까?"

청중은 그의 질문에 놀랐다. 학습장애아를 가진 아버지의 고통이 전해졌다. 가슴을 파고드는 그의 질문에 장내는 조용해졌다. 그 아버지는 자기가 던진 질문에 이렇게 답했다.

"저는 신께서 이런 아이를 세상에 보내셨을 때 신께서 구하시는 완벽함은, 사람들이 이 아이에게 반응하는 방식에 있다고 생각합니다."

그는 이어서 자신의 아들 샤야에게 있었던 놀라운 이야기를 들려주었다.

어느 날 오후 샤야와 아버지는 몇몇 아이들이 야구를 하고 있는 공원 옆을 지나게 되었다. 샤야는 아버지께 물었다.

"저 애들이 나도 끼워줄까요?"

샤야의 아버지는 아들이 운동에 전혀 소질이 없고 대부분의 아이들이 샤야가 자기들 팀에 들어오는 것을 원치 않을 것을 알고 있었다. 하지만 만약 아들이 낄 수만 있다면 소속감을 느낄 수 있을 것이었다. 그는 운동장에 있는 한 소년에게 다가가 샤야를 끼워줄 수 있는지 물었다. 그 소년은 다른 팀원들의 의견을 묻기 위해 주위를 둘러보더니 이렇게 말했다.

"우리는 지금 여섯 점 차이로 지고 있고 게임은 8회까지 왔어요. 제 생각에 우리 팀에 끼워줄 수 있을 것 같아요. 9회에 타자로 세워볼게요."

샤야의 아버지는 활짝 웃는 샤야의 모습에 기쁘기 그지없었다. 샤야는 야구장갑을 끼고 센터필드에 섰다. 8회가 다 끝나갈 때 샤야의 팀은 몇 점은 득점했지만 아직도 석 점이 뒤져 있었다. 9회 말 샤야의 팀이 다시 득점을 했다. 두 명이 아웃되고 샤야의 팀이 다시 득점을 했다. 베이스에는 득점으로 연결될 수 있는 주자들이 서 있었다. 이제 샤야의 차례였다. 팀이 이길 수 있는 이 절호의 기회에 과연 아이들이 진짜로 샤야를 타석에 세울까?

그런데 놀랍게도 샤야에게 야구 방망이가 주어졌다. 그러나 그 순간 팀이 이길 가능성은 거의 전무하다는 것이 모두에게 명백해졌다. 샤야는 야구 방망이를 휘두르는 법은 고사하고 어떻게 잡는지도 몰랐던 것이다. 그러나 샤야가 타석에 서자 투수가 몇 걸음 앞으로 나왔다. 투수를 맡은 아이는 샤야가 최소한 공을 맞출 수 있도록 느리게 던졌다. 첫 번째 공이 날아왔다. 샤야는 엉성한 폼으로 방망이를 휘둘렀고 공을 놓치고 말았다.

샤야와 같은 팀에 있던 한 아이가 나와서 샤야와 함께 방망이를 잡고 다음 공을 기다렸다. 투수는 더 느린공을 던지기 위해서 다시 몇 걸음 앞으로 나왔다. 공이 오자 샤야와 또 한 아이는 방망이를 휘둘렀다. 투수 앞으로 가는 땅볼이었다. 투수는 그 느린 땅볼을 잡아서 쉽게 1루로 보낼 수 있었다. 그랬더라면 샤야는 아웃되고 게임은 끝났을 것이다. 그러나 투수는 1루 수비수가 받을 수 없게 멀리 우익수 쪽으로 높이 뜬공을 던졌다. 모두들 일제히 소리치기 시작했다.

"샤야, 1루로 달려! 1루로 달려!"

샤야는 태어나서 한 번도 1루를 향해 달려본 적이 없었다. 샤야는 놀라서 눈을 둥그렇게 뜨고 1루를 향해 뛰기 시작했다. 샤야가 1루까지 왔을 때 우익수가 공을 잡았다. 우익수는 2루 수비수에게 공을 던져서 샤야를 아웃시킬 수 있었다. 하지만 우익수도 투수의 의도를 알아채고 3루 수비수 머리를 훨씬 넘어가는 공을 던졌다. 모두들 다시 일제히 소리쳤다.

"샤야, 2루로 뛰어! 2루로 뛰어!"

샤야가 2루로 뛰어가는 사이에 그 앞에 있던 주자들은 홈을 향해 들어갔다. 샤야가 2루에 발을 딛자 반대편 유격수가 그에게 달려오더니 3루쪽을 향해 몸을 돌려주면서 소리쳤다. "3루로 뛰어, 샤야!"

샤야가 3루까지 가자 양 팀의 선수들이 그 뒤를 따르면서 소리쳤다.

"샤야, 홈으로 뛰어!"

샤야는 홈을 향해 뛰었고 홈인을 했다. 18명의 소년들은 샤야를 어깨에 메고 그가 오늘의 영웅이라고 소리쳤다. 팀의 승리를 가져온 '그랜드슬램'을 친 것이다.

이야기를 마친 샤야의 아버지의 눈에서는 눈물이 흐르고 있었다.

"그날 함께 있던 열여덟 명의 아이들은 그들의 수준에서 신의 완전하심에 도달했습니다."

나는 이 이야기를 좋아한다. 장애아이들에게 완전함을 이루는 방식은 무엇일까? 우리나라의 장애아이들이 완전함을 경험하기란 참 어렵다. 나는 친구 미래를 돕는 지선이의 모습에서 완전함을 배웠다.

제2부

•

엄마의 일기

미숙아로 태어난 딸

지선이는 미숙아로 태어났다. 태어나자마자 바로 인큐베이터에 들어갔다. 인큐베이터에 있는 52일 동안 몸무게는 겨우 200그램 늘었다. 태어난 지 50여 일이 되도록 몸무게가 2킬로그램이 안 됐다.

당시 유치원을 운영 중이던 나는 미술 전시회와 재롱 잔치, 학부모 상담 등으로 쉴 틈이 없었다. 다니던 직장을 그만두고 유치원 운영에 참여한 남편과는 일하는 스타일이 안 맞아 갈등이 커지고 있었다. 그 와중에 시어머니와의 갈등도 만만치 않았다. 자고로 여자는 지아비 잘 섬기고 먹을 것 잘 챙기고 집안 정갈하게 하며 아이들을 사랑으로 돌보는 것이 최고의 가치라고 믿으시는 어머님에게 나는 한참 모자라는 며느리였다. 물론 어머님처럼 살 수도, 살고 싶은 생각도 없었다.

나는 각자 잘하는 것으로 상호 보완하며 살면 되는 것이라 생각했고 친정에서의 교육도 그랬다. 여자는 어떠해야 한다는 식의 사고는 전혀 없었다. 시댁 문화와는 정반대였다. 그런 내가 무척이나 못마땅한 며느리였을 터였다. 종가집 장손이자 평화주의자였던 남편은 어머니와 아내 사이의 갈등 자체가 힘들었을 것이다. 하지만 나는 서운함을 넘어 이혼까지 생각하는 마음이 들었고, 미숙아로 태어난 딸을 안고 의지할 곳도 마음 둘 곳도 없어 갈 바를 알지 못했다.

결국 지선이를 데리고 친정으로 들어갔다. 친정엄마는 매일 밤죽을 쑤어 지선이에게 먹였다. 그 작디작은 생명체가 토실토실해졌다. 힘 있게 꿈틀대고 역동했다. 생명은 그렇게 강했다. 고마웠다. 무채색 같은 나의 삶에 지선이는 채도와 명도가 높은 일상이 되어주었다.

지선이가 무럭무럭 자라가는 돌 무렵 뇌수막염이 왔다. 처음에는 뇌수막염인지도 모르고 열이 나서 동네 병원을 찾았다. 열감기라고 약을 처방받았다. 약을 먹여도 열은 더 심해졌다. 아이가 축 늘어지고 오한이 났다. 퇴근해 보니 아이는 열 경기까지 나고 있었다. 급히 서울대병원으로 갔다. 서울대병원에서는 어렵겠다며 남편과 시어머니를 불러 마지막을 준비하라고 했다. 그 얘기를 듣고 응급실 계단에 앉아 밤새 기도했다.

'제발 살려만 주세요. 이미 뇌손상을 입었다 해도, 장애인으로라도 살려만 주시면 감사하며 최선을 다해 살겠습니다.'

서울대병원에서 세균 침투에 의해 뇌 일부가 이미 죽은 상태라는 진단을 받았다. 어찌어찌 살았지만 뇌의 회복은 불가능하여 지선이는 장애아가 되었다. 그때 심정을 어떻게 말할 수 있을까? 몇 번의 유산 끝에 겨우 얻은 첫아이. 미숙아로 조산하여 그토록 마음 아렸던 아이. 겨우 1년 살고 장애아가 된 아이….

힘들고 아프고 외롭고 두렵고 무서웠다. 호전 없는 치료는 계속되었고 지선이는 다섯 살에 최종적으로 지적장애2급 진단을 받았다. 그 시간을 어찌 살았을까? 해리성 기억상실처럼 그때의 기억이 사라지기도 한다. 잊어야 살 수 있기에 자동 순삭(순간삭제)되는 시간이었는지도 모르겠다.

지선이가 다섯 살 무렵 감기가 왔다. 그때는 면역력이 극도로 떨어져 장염과 탈수로 인한 응급상황이었다. 병원에서는 위독하다고 했다. 일반인에게 별일 아닌 감기도 지선이에게는 치명적일 수 있었다. 계속되어온 시댁과의 갈등과 스트레스 등으로 관계가 악화되어 서로 시간을 좀 가지자 했던 남편과 다시 연락을 했다. 지선이가 우리를 다시 이어준 것이다. 남편은 어머니를 지극히 사랑했으므로 어머니 말씀을 거역하기 힘들었음을 안다. 하지만 그제야 남편은 비로소 심리적·물리적·경제적·정서적으로 부모를 떠나야 함을 인식했다. 그때부터 가정, 결혼, 남편, 아내의 역할과 의미에 대해 공부하기 시작했다. 그 첫 출발이 심리상담 공부였다. 이후 가정의 의미와 가장의 역할에 대해 알아가는 남편이 지선이를 적극적으로 돌보기 시작했다.

남편은 수많은 삶의 질곡과 고통을 심리상담과 감사나눔으로 승화하며 삶을 완전히 유턴시켰다. 장애아인 지선이를 부끄러워하지 않고 온전한 존재로 받아들이며 자신을 지선이의 눈높이에 완전히 일치시켰다. 아무리 바빠도 지선이를 위한 일을 우선으로 했다. 함께 춤을 추기도 하고 책을 읽고 그림을 그렸다.

가시나무새

서울대병원에 입원해 있던 마지막 50일 동안 지선이는 말없이 자주 나를 지그시 바라보곤 했다. '나를 걱정하는 건가? 이제 떠나야겠다는 건가? 아니면 나를 나무라는 건가?' 여러 생각이 스쳐갔다. 죄 많은 엄마여서 더 그렇게 느꼈나 싶다.

1990년부터 20년 동안 유치원을 하나씩 늘려갔다. 사업이 커진 만큼 일이 많아졌다. 집안일과 아이들을 돌볼 새가 없었고 밥 먹고 일만 했다. 주위에선 일중독이라고 했다. 그래도 괘념치 않았다. 장애아인 지선이를 포함해 세 아이에게는 나처럼 돈이 없어 겪는 고통을 물려주고 싶지 않았다. 물론 나름 선교에 꿈이 있었고 적잖은 후원을 했지만, 후원을 핑계 삼아 욕망의 자기합리화에 빠졌던 건지도 모르겠다.

그렇게 앞만 보고 달리며 승승장구하는가 싶더니 어느 날 서서히 균열이 느껴졌다. 급기야 2010년 유치원 운영이 폭

망했다. 정신적 쇼크도 컸고 교통사고까지 겹쳐 나는 병원에 입원했다. 남편은 내가 극단적 선택을 할까봐 아예 세 아이를 시누이네로 보내고서 나를 밀착 마크했다. 그만큼 충격이 컸다. 주변에서는 내가 제정신으로는 못 살 거라고들 수군거렸다. 병원에서 기도원으로, 기도원에서 외딴집으로, 바다로 산으로 6개월을 떠돌다 겨우 집으로 안착했다. 엄마아빠 없이 지낸 아이들 꼴은 말이 아니었다. 지선이에게, 아이들에게 내가 용서받을 수 있을까. 어쩌면 엄마라는 사람이 이토록 아이들을 힘들게 했을까. 깊은 자책이 몰려왔다.

2008년 친정엄마가 유치원 운영이 어렵다는 얘기를 듣고 힘들어하시다 식사 중에 돌아가셨다. 쓰나미 같은 일들이 나를 덮쳤다. 돌아보면 그 모든 일이 회개하고 돌이킬 기회였다. 그러나 잠깐의 회개기도 후엔 다시 제자리로 돌아갔다. 사업으로 다시 일어서고 싶었다. 그래서 고가의 유치원 교구들을 버리지 못하고 끌고 다녔다. 집 안을 차지하는 교구들로 인해 가족들이 숨 막혀 했지만 나는 차마 버리지 못했다. 그렇게 하나님이 주시는 숱한 신호를 무시했다.

지선이가 재생불량성 빈혈로 조혈모세포 이식을 받았을 때가 떠오른다. 인생이 참 아이러니한 게, 사업이 잘되고 수

술비 여력이 있을 때는 조혈모세포가 일치하는 공여자가 나오지 않다가 사업이 망하니까 100퍼센트 일치하는 공여자가 나왔다. 그때 사정을 알게 된 향상교회 정주채 목사님이 비용 문제는 걱정 말고 지선이 살릴 생각만 하라며 병원비 일체를 책임져주셨다. 그렇게 내가 아무것도 할 수 없을 때 오히려 하나님의 일하심을 경험했다.

조혈모세포 이식 수술 후 지선이는 식도가 막혀 침을 삼킬 수 없었다. 퇴원 후 식도를 여는 수술을 해야 해서 서울대병원 7개 과가 협진하여 가슴을 열었다. 대장을 잘라 연결하려 했으나 대장 길이가 짧아 다시 닫았다. 그 후 지선이는 평생 유동식으로만 살았다. 유동식을 수시로 먹으니 음식물이 늘 입 안에 있어서 치아 전체가 손상됐다. 언제고 치아를 해주려고 치아보험을 세 개나 들었으나 치조골이 약해 그마저 쓸 수가 없었다.

한 사람이 일평생 한 번 겪기도 쉽지 않은 일을 지선이는 30년 사이에 다 겪었다. 딸의 고통의 핵심에는 내가 있다. 아프다 못해 가슴을 치고 또 쳐도 이 괴로움에서 벗어날 수가 없다.

〈가시나무새〉라는 노래의 가사가 생각난다.

내 속엔 내가 너무도 많아 당신의 쉴 곳 없네

내 속엔 헛된 바램들로 당신의 편할 곳 없네

내 속엔 내가 어쩔 수 없는 어둠

당신의 쉴 자릴 뺏고

내 속엔 내가 이길 수 없는 슬픔

무성한 가시나무 숲 같네

바람만 불면 그 메마른 가지

서로 부대끼며 울어대고

쉴 곳을 찾아 지쳐 날아온

어린 새들도 가시에 찔려 날아가고

바람만 불면 외롭고 또 괴로와

슬픈 노래를 부르던 날이 많았는데

내 속엔 내가 너무도 많아서 당신의 쉴 곳 없네

내 속에 내가 너무 많아서 지선이에게 편안히 쉴 자리를
주지 못했고 누구에게도 쉴 공간을 내어주지 못했다.

지선아   고마워

미숙하고 모자란 엄마

지선이와 같이 있을 때에도 내 마음은 다른 곳에 가 있던 적이 많았다. 젊어서는 파산한 친정을 회복시키려고 일찍부터 돈을 벌어야 했다. 결혼해서도 계속 이어지는 사업과 지선이와 두 아들의 뒷바라지를 위해 돈이 절박했기에 늘 바쁘게 살았다. 지선이를 종종 홀로 뒀을 때 그토록 사람 좋아하는 아이가 얼마나 외로웠을까. 지선이가 떠난 자리에서 이제야 딸의 마음을 눈치채는 바보 같은 엄마다.

지선이가 큰 병치레를 할 때 나는 늘 다른 곳에 있었고 남편이 전심전력으로 지선이를 돌봤다. 조혈모세포 이식 때는 무균실에 드나들며 수시로 에어샤워를 하고, 방진복을 입고 900도 이상에서 멸균된 밥을 먹으며 지선이와 둘이 지냈다. 가끔 통화할 때면 어쩌다 바깥공기를 한 번 쐬면 얼마나 상쾌한지 모르겠다고 말하곤 했다.

시간은 앞만 보고 달려가고 뒤를 돌아보지 않는다. 그 시간을 돌려세우고 싶다. 후회와 자책이 쉬지 않고 나를 날카롭게 찌른다. 자식은 부모의 눈물을 먹고 자란다는데 나는 자식의 눈물을 먹고 자란 미숙한 부모였다. 내리사랑은 있어도 치사랑은 없다는데 나는 지선이에게 치사랑을 받은 모자란 엄마다. 부끄럽고 미안하고 아프다.

지선이는 퍼즐을 좋아했다. 500피스가 넘는 퍼즐을 맞추고 나를 부른다.

"엄마, 엄마! 이리 와봐. 이거 봐봐."

지선이는 자랑스럽게 다 맞춘 퍼즐을 내밀었다.

"엄마, 이거 사진 찍어서 아빠한테 보내줘."

그때마다 나는 항상 반색하며 칭찬을 듬뿍하면서 사진을 찍어 아빠에게 보내줬다. 마지막으로 병원 가기 일주일 전에도 똑같은 상황이었는데 제대로 반응해주지 못했다.

"지선아, 지난번에 찍은 거 아빠한테 보내주면 돼."

한창 김치를 담그는 중이라 경황이 없을 때였다. 그렇더라도 잠깐 손 좀 씻고 해주었으면 됐을 걸 두고두고 미안하고 마음이 아프다. 지금 와서 생각해보니 면역력이 약하다는 이유로 코로나 이후 복지관을 못 간 지선이는 하루 종일 무료

하고 외로운 시간을 퍼즐로 보냈던 것이다. 내가 사진을 찍어 아빠에게 보내주며 응원했으면 지선이도 흥이 났을 텐데, 그거 하나 기분 좋게 못 해준 게 아프게 다가온다.

2021년 3월 1일, 꿈을 꾸었다. 돌아가신 친정엄마가 나타나 걱정 가득한 눈빛으로 땅을 치며 후회할 일이 있을 거라고 했다. 이제사 돌아보니 지선이에게 더 신경을 쓰라는 얘기였나 싶다. 부모 보내고는 무덤 곁에 3년을 초막 짓고 산다는데, 자식 잃고는 평생 가슴에 초막 짓고 사는 것 같다.

어제는 주인 잃은 지선이 방에 들어갔다. 정리 못하는 엄마 닮지 않고 그 작은 손으로 자기 방을 얼마나 정갈하게 정리해놨는지 모른다. "지수 선생님, 장미희 팀장님, 보라 선생님, 보고 싶어요"라고 써 있는 쪽지가 보였다. 복지관을 못 가는 동안 선생님들이 무척이나 보고 싶었던 모양이다. 한쪽에는 혼자 색칠하다 만 색칠판이 누워 있다. 1,000피스짜리 퍼즐판도 덩그러니 남아 있다. 퍼즐판에 지선이 얼굴만이 아련했다.

지선이와 항상 다녔던 마트와 가게를 혼자 가는 것이 너무 힘든 일이 돼버렸다. 남편도 지선이와 함께 다녔던 이마트, 경희문고, 다이소를 이젠 못 가겠다고 했다. 지선이와 자주 데이트를 즐겼던 곳이어서다. 지선이는 사고 싶은 욕구와 사야 하는 필요 사이에서 자기가 좋아하던 마이쮸, 콘초코, 치토스를 만지작거리기만 하다 돌아오는 날이 많았다.

며칠 전 자주 다니던 집 앞 홈플러스를 갔더니 직원들이 묻는다.

"요즘은 왜 혼자 오세요?"

조금은 특별해 보이던 우리 모녀를 기억했던 모양이다. 나는 말문이 막혔다. '우리 딸은 이제 이 세상에 없어요.' 그 말을 할 수 없었다. 지선이가 좋아하던 과자 앞에서 멈춘 발길을 아프게 돌렸다. 지선이가 좋아했던 두부도, 지선이에게 주스를 만들어주던 딸기나 바나나도 살 필요가 없어졌다. 아직까지 냉동실에 남아 있는 딸기도 이젠 먹을 사람이 없다.

이 세상은 아무 일 없다는 듯 여전히 형형색색으로 빛나는데 한 번도 흑백인 적이 없던 지구가 나에게만 흑백이 되어버렸다.

마지막 병원살이

평소 열정과 웃음이 넘치던 지선이 얼굴이 무표정했다. 기쁨도 슬픔도 아픔도 느껴지지 않는 무표정…. 나는 갑자기 무섭고 두려워서 숨이 쉬어지지 않았다. 지선이는 기침까지 했다.

급하게 병원으로 향했다. 병원에 도착하자 검사가 시작되었고 밤새 이어졌다. 일주일째 먹지도 못 하고 있었다. 지선이는 웃지도 울지도 않고 눈을 뜨는 것조차 힘들어하면서 계속 나를 응시했다. 그 눈빛이 무슨 뜻인지 알 수가 없었다. 기도 외에는 할 수 있는 것이 없었다.

지선이는 폐가 많이 안 좋아서 입원할 때부터 위중한 상태였다. 그럼에도 있는 힘을 다해 50일을 버텨주었다. 그동안 빚진 나의 마음을 덜어주려는 배려 같았다. 그런데 응급중환자실에서 지선이를 준중환자실로 옮길 수 있겠다고 연락이 왔다. 기적이었다. 지선이도 나도 한시라도 빨리 옮겨지기를 간절히 바라던 터였다. 응급중환자실은 보호자가 일절 들어갈 수 없었고 준중환자실은 그나마 보호자가 함께할 수 있었기 때문이다. 중환자실에 홀로 지낸 지선이는 온갖 검사로 혈관이 쉴 새가 없었고 팔뚝은 초록초록 했다.

코로나로 인해 중환자실에서 보호자 없이 홀로 지낸 일주일. 지선이는 얼마나 낯설고 두려웠을까? 깔끔쟁이인 데다 남에게 피해 주는 것을 싫어하니 대변을 보고도 닦아 달라는 말도 못하고 뭉개고 있었을 지선이가 얼마나 괴롭고 힘들었을까. 그 일주일 동안 지선이는 욕창이 생겼다.

아무튼 중환자실을 나올 수 있다니 '할렐루야!'였다. 지선이는 중환자실에서 나가길 기다렸고 나는 지선이가 나오길 기다렸다. 까다로운 절차를 거듭하며 시간이 지체됐고 문이 드르륵 열릴 때마다 지선이는 미어캣처럼 고개를 내밀며 엄마를 찾았다. 중환자실에서 나오기까지 머리를 수없이 들었다 났다 했을 지선이. 그렇게 우리는 저녁 6시가 되어서야 눈물의 상봉을 했다.

나를 보자마자 지선이는 품에 안겨 울음을 터뜨렸다.

"엄마, 너무 기다렸어. 너무 보고 싶었어. 엄마도 나 보고 싶었어? 엄마 나 꼭 안아줘. 엄마, 중환자실은 너무 무서워.

지선아   고마워

다시는 안 갈 거야. 절대 안 갈 거야. 중환자실 다시는 보내지 마. 엄마, 엄마…."

수치심과 외로움, 괴로움을 꾹꾹 눌러 담은 눈물이었다. 지선이는 무너진 둑으로 밀려나오는 강물처럼 눈물을 펑펑 쏟았다. 견디는 게 익숙한 아이, 참는 데 길들여진 딸이 중환자실에서 나오는 것만으로도 희망이 보였다. 지선이를 꼭 안아주며 살려만 달라고 기도했고 지선이를 살릴 생각만 했다. 그러자면 엄하게 대해서라도 먹이고 운동시키는 것이 급선무였다.

지선이의 마지막 병원생활 50일은 오롯이 나와 함께였다. 코로나로 인해 보호자는 한 명만 입실할 수 있고 면회도 자유롭지 못하니 둘이 있는 시간이 많을 수밖에 없었다. 병실에 코로나 확진자가 다녀감에 따라 병동은 폐쇄되고 마지막 12일은 둘이 격리되어 1인실에서 보냈다.

그렇게 지선이와 둘이 있을 때 지인과 전화로 실랑이를 벌이는 일이 생겼다. 화장실에서 통화하는 것을 지선이가 들었던 모양이다. 병실에서 꼼짝도 못한 채 속상해하는 모습을 보고 지선이가 그 사람에게 먼저 전화하라고 했다.

"엄마, 사이좋게 지내야지. 엄마, 어서 전화해서 화해해."

그 말이 내게는 하나님 음성으로 들렸다. 그래서 지선이 앞에서 바로 전화해서 화해했다. 그렇듯 지선이는 하나님이 우리 가정에 보내신 평화와 행복의 사도요 주님의 천사였다. 나는 그 천사를 잘 맞이하고 환대하지 못한 못난 엄마였다.

지선이의 건강 수치가 보여주는 현실과는 달리 나는 계속 비현실적인 기대를 하고 있었다. 믿음인지 현실도피인지 헷갈렸다. 그럼으로써 나는 '지금'을 살지 못했다. 우리에게 주어진 50일의 시간을 오롯이 살기보다는 퇴원한 뒤에 뭔가를 해줄 생각으로 그때 그 순간을 잘 보내지 못했다. 순간이 영원이었는데, 순간이 생명이었고 지금 사랑하는 것이 전부였는데… 오지도 않은 '훗날 저기'를 사느라 '지금 여기'를 자주 잃는다. 내 삶을 관통하는 어리석음이다.

마지막 입원 기간에 지선이는 유난히 안아달라는 말을 자주 했다. 나는 안아주기보다는 얘가 왜 이러나 하며 매일 운동을 시키려고 애를 썼다. 나중에 안 지선이의 병명은 폐동맥고혈압. 앉고 서기도 힘든 병이다. 지선이가 코로나 바이러스나 세균에 감염될까 걱정되어 맘껏 안아주지 못한 것이 못내 아프다.

●

향기만 남아

지선이 상태가 위태로워졌다. 나는 다시 하나님께 간절히 빌고 또 빌었다.

"하나님, 제가 엄마 노릇 너무 못했으니 제발 단 1년 만이라도 지선이 생명을 연장해주세요. 맘껏 사랑하며 사랑만 하고 보낼 수 있도록 제발 시간 좀 주세요. 내 속의 나를 버리고 지선이가 쉴 수 있도록 헛된 바람 버리고 살게요."

상처 입은 짐승처럼 울어도 울어도 눈물이 그치지 않았다. 교회뿐 아니라 내가 아는 모든 분들에게 상황을 수시로 알리며 기도를 부탁하고 있었다. 마침 지인에게서 성경구절을 담은 문자가 하나 들어왔다.

우리는 우리 자신이 사형 선고를 받은 줄 알았으니

이는 우리로 자기를 의지하지 말고

오직 죽은 자를 다시 살리시는 하나님만 의지하게 하심이라

그가 이같이 큰 사망에서 우리를 건지셨고 또 건지실 것이며

이후에도 건지시기를 그에게 바라노라

(고린도후서 1:9-10)

하나님이 지선이를 다시 살려주신다는 것일까? 바람과 달리, 지선이는 위중했다. 의사선생님은 가족들을 불러 마지막 인사를 하라고 했다. 믿을 수 없었고 믿고 싶지 않았다. 사망에서 건지신다는 말씀을 더 믿고 싶었다. 혼란스러웠다. 일단 남편만 코로나 검사를 마치고 우리가 있는 1인실로 들어왔다.

남편은 지선이의 온몸을 따뜻하게 만져주며 아빠를 따라 하라고 했다. 그동안 만났던 선생님들, 친구들, 교회 식구들, 이웃들, 경비원, 청소하시는 아주머니, 의사선생님, 간호사, 우리를 도와주는 사람들, 소소한 기억들, 하늘과 땅에 가득한 자연들, 굽이굽이 넘어왔던 숱한 아픔과 고난을 두고도 감사하는 시간을 가졌다.

이천 번이 넘는 감사를 지선이는 잘 따라했다. 지선이 얼굴에 혈색이 돌았고 죽음이 저 멀리 달아나는 것 같았다. 우리는 그렇게 잠깐, 미세한 틈으로 들어오는 햇살을 보았다.

지선아   고마워

다음 날 남편은 지선이에게 가벼운 스트레칭을 시켰다. 지선이는 죽을힘을 다해 따라 하는 것 같았다. 마치 우리에게 마지막 선물을 주는 것처럼.

'엄마아빠, 내가 먼저 가서 미안해.'

지선이의 마지막 눈빛은 그렇게 말하는 것 같았다. 그 눈빛을 잊을 수가 없다.

지선이의 코에서 생기가 빠져나갔다. 그리고 알았다. 죽음을 이기신 예수님이 지선이를 큰 사망에서 건져 영원한 삶으로 인도하셨음을.

하나님께 생떼를 쓰며 지선이를 1년만이라도 살려달라는 나의 애절한 기도는 응답되지 않았다. 지선이가 떠난 후 딸을 그리워하며 주인 없는 방에 앉아 울고 있었다. 고요한 가운데 세미한 주님의 음성이 들렸다.

'미영아, 나는 이미 지선이의 생명을 16년이나 연장해주었다. 조혈모세포 이식만이 답이라고 했을 때, 너는 지금과 똑같이 기도했잖니?'

그랬다. 16년이나 연장해준 하나님의 은혜를 생각 못 했다. 응답받으면 금세 까먹고 내 멋대로 지내다가 다시 일이 터지면 무릎 꿇고 애원한다. 전 인생, 전 재산을 다 바칠 것처럼 부르짖는다. 그제야 비로소 우리는 생명보다 귀한 것이 없다는 사실을 절감한다.

지선이는 자기에게 주어진 30년을 사람들을 사랑하는 데 모두 연소하고 떠났다. 장례식을 찾아온 조문객들도 하나같이 그 이야기를 들려주었다. 너무 가까이 있어서 그 사랑을 잘 보지 못한 우리 가족은 그 빈자리의 크기를 메울 수가 없다.

"사랑할 수 없는 사람을 사랑하시게. 용서할 수 없는 사람을 용서하시게. 가장 낮은 자리에서 섬기시게. 성자가 되시게."

인천 방주교회 박보영 목사님에게 목사님의 할아버지가 남기신 유언이다. 지선이도 우리에게 같은 유언을 남기고 떠난 것 같다. 말이 아닌 삶으로.

지선이가 보고 싶으면 빈방에 들어가본다. 지선이 향기가 난다. 어느 시인의 말처럼, 꽃은 젖으면서 피기도 하고 지기도 하지만 향기는 젖지 않는다. 지선이의 향기가 보송보송하게 살아 있다. 지선이를 아는 모두의 마음속에.

●
병상 일기

병원에서 지선이와 함께한 마지막 50여 일은 두려움과 불안, 슬픔과 아픔, 긴장이 최고조에 달한 시간이었다. 내가 살기 위해, 지선이를 살리기 위해 하나님께 더욱 간절히 매달릴 수밖에 없었다.

병원에 가는 순간부터 떠오른 그림이 있다. 주님을 외면하고 세상에 빠져 정신없이 바쁘게 살던 날들 때문이었을까. 성경 속 어리석은 다섯 처녀의 모습이 떠올랐다. 아무리 열어달라고 외치며 두드려도 열리지 않는 문. 그 문 밖에 내가 서 있는 것 같았다. 그래서 더 무서웠다.

두려움이 몰려오고 계속되는 긴장이 겹친 탓일까. 갑자기 공황장애 증상이 나타났다. 나는 내가 아는 모든 분들에게 기도를 부탁드렸다. 그리고 하루하루를 버티고 이겨내기 위해 일기를 쓰기 시작했다.

심신이 무너져내리던 그 시기에 일기 쓰기는 내게 작은 위안이자 쉼이 되었다. 일기를 쓰면서 하나님을 향해 내 마음과 생각을 쏟아놓을 수 있었고, 그로 인해 주님께 더욱 집중하여 나아갈 수 있었다. 비록 보잘것없는 기록이지만, 숨이 잘 쉬어지지 않던 입원 기간 중에 내겐 잠시나마 숨통을 열어주는 시간이었다.

5월 9일

평소와는 너무도 다른 지선이의 무표정한 얼굴, 거기다 기침까지…. 심장이 요동치기 시작했다. 머뭇거릴 시간이 없었다.

일단 서울대병원 응급실로 들어가기로 했다. 어제부터 한숨도 못 자고 아침부터 준비를 하고 있다. 친구가 먹을 것과 그 밖에 필요한 것들을 몇 가지 챙겨서 와주었다. 곧바로 서울대병원으로 출발했다. 간절하게 기도하는 마음으로 두 손을 모으고 차가 보이지 않을 때까지 하염없이 우리를 바라보는 친구의 모습이 위로와 감동으로 다가왔다.

지선이는 계속 눈물을 흘리며 지금의 상황을 슬퍼하는 것 같았다. 그래도 서울대병원에 도착하니 희망이 있을 것만 같았다. 밤새도록 검사를 했다.

5월 10일

서울대병원에 입원하자마자 9개 과에서 이틀을 꼬박 검사를 했다. 지선이는 위독했지만 원인을 찾지 못했다.

나는 뒤늦게 입원생활에 필요한 것들을 챙기러 집으로 가는 길에 잠시 차를 세우고 기도를 드렸다.

"하나님, 제발 지선이에게 주님의 기적을 베풀어 주십시오. 한 번만 더 기회를 주시면 이제는 더 이상 딴짓하지 않고 주님의 기쁨이 되겠습니다."

기도라기보다 통곡에 가까운 울부짖음이었다.

집에 도착해 지선이 방에 들어가 엊그제 아빠가 사준 스티커북을 찾느라 책상 서랍을 열었다. 지선이가 가져오라고 한 것이었다. 자기가 좋아하는 물건을 차곡차곡 정리해 둔 서랍을 보는 순간 눈물이 쏟아졌다.

"하나님, 지선이가 좋아하는 것들을 이렇게 소중하게 모아놨는데 이 방에 다시 돌아올 수 있게 해주세요."

울면서 기도하는 소리를 막내아들이 들었던 모양이다. 집을 나서는데 넌지시 물었다.

"엄마, 누나가 그렇게 많이 아파요?"

"그래, 많이 아파. 함께 기도해줘."

집을 나와 차 안에서 한동안 또 울었다. 왜 이렇게 계속 슬프고 아프고 두려운지….

가슴을 예리한 칼로 베어내는 것처럼 이렇게 서늘하고 싸한 아픔은 처음이다. 불안하고 두려웠다. 빨리 병원으로 가서 남편과 교대해야 해서 서둘러 속도를 내며 가는데 눈물 때문에 운전이 힘들었다.

병원에 도착하니 남편은 지선이와 놀고 있다. 지선이와 놀아주는 여유가 부러웠다. 남편은 내일 새벽에 대구에 가야 하는 일이 있는데 시간이 벌써 새벽 1시가 넘었다.

남편을 보내고 지선이를 재우려는데 기침을 하고 숨쉬기 힘들어해서 옆으로 더 다가앉았는데 자꾸 눈물만 난다. 지선이는 눈물을 흘리는 내 얼굴을 힘없이 바라보고만 있다. '엄마, 왜 이제야 병원에 데려온 거야? 그동안 나 많이 아팠단 말이야' 하며 나를 질책하는 눈빛이었을까.

"지선아, 미안해. 엄마가 정말 미안해."

미안하다는 말조차 미안했지만 뭐라고 용서를 빌어야 할지 몰랐다. 그저 나에게 남은 삶을 나눠서라도 제발 지선이와 같이 살게 해달라고 기도했다.

너무너무 무섭고 두려운 긴 밤이 지나고 오늘은 지선이가 힘들지 않고 차도가 있기를 바라며 하루를 시작한다.

5월 11일

하루 종일 검사를 하느라 며칠째 먹지도 못하고 잠을 못 잤다. 딸아이는 지쳐서 눈을 뜨는 것조차 힘들어한다. 잠을 좀 자라고 해도 자지를 않고 계속 나만 쳐다보고 있다. 너무 힘들어 보이는 딸을 바라보는 엄마의 마음은 더욱 아프고 슬프다. 아이는 이제는 그만 작별 인사를 하자고 하는 건지 눈을 떼지 않고 계속 나를 쳐다보기만 한다.

남편에게 지선이 동생들을 데리고 오라고 전화를 했다. 그리고 지선이에게 누가 보고 싶은지 물어보았다. 지수 선생님이 보고 싶다고 한다. 지수 선생님께 문자를 보냈다. 그랬더니 바로 영상 전화가 왔다. 그리고 지선이를 보고 슬그머니 눈물을 훔친다. 그동안 하고 싶었던 얘기들을 쏟아낸다. 벌써 새벽 두 시가 넘었다. 지수 선생님은 처음 만났을 때부터 지금까지 있었던 추억들을 모두 꺼내 얘기하는데 지선이는 그때를 그리워하며 눈물을 계속 흘렸다.

그 모습을 지켜보는 에미의 심정은 말로 표현이 안 된다. 나 자신이 미워지기까지 했다. 왜 이렇게 딸의 상태를 늦게 알아챘나. 왜 미리 병원에 오지 않았을까. 아무리 후회해도 되돌릴 수가 없다. 그동안 나는 뭐하고 사느라 딸아이가 아파서 죽어가는 것도 몰랐나. 내 자신이 용서가 안 된다.

다시 지혜로운 다섯 처녀와 어리석은 다섯 처녀의 성경 이야기가 떠오르면서 '아, 우리의 삶이 이렇게 되는구나. 매일의 삶에 쫓겨 살다가 나도 모르는 사이에 죽음이 눈앞에 다가오는 거구나' 하는 생각이 스쳤다. 시계를 보니 새벽 4시 30분이다.

지수 선생님은 아직도 지선이와 대화를 하고 있다. 선생님에게 무리가 되는 것 같아 전화를 끊었다. 눈물을 흘리고 있는 딸아이를 토닥이며 말했다.

"지선아, 조금만 힘내자. 엄마는 지선이를 보낼 준비가 안 됐는데 지선이가 떠나면 엄마가 어떻게 살아. 지선이가 힘을 내자. 엄마가 미안해, 정말 미안해."

무서움과 두려움 가운데 오롯이 둘이 어둠을 견디고 있었다.

그리고 다시 소변검사, 피검사, 초음파, CT촬영 등 다양한 검사를 새벽까지 한다. 나는 모든 검사를 조금만 미루고 한 시간 동안만 아이를 재우자고 했다. 딸을 안고서 두 시간 동안 재웠다.

다시 아침이 되었다. 새 아침을 주신 하나님께 감사했다.

5월 12일

체력이 바닥나서일까. 지선이가 힘들어해서 가족들을 불렀다. 어젯밤 지수 선생님과 나눈 긴 통화는 지선이를 행복하게 한 것 같았다. 선생님께 감사를 전했더니 복지관 함보라 선생님과 권영삼 팀장님, 지수 선생님이 갓난아기까지 데리고 병원에 왔다. 단체면회가 안 돼서 보호자 대신 한 분씩 돌아가며 만날 수밖에 없었다.

지선이가 생기가 돌고 밝아졌다. 선생님들과 헤어진 뒤 아빠가 오고 죽을 먹고 나니 더 활력을 찾았다.

남편과 교대하여 짐을 챙기러 갔다. 기흥역에 내려 신갈고등학교 뒷산에 올라 소리 내어 울면서 기도했다. 제발 지선이가 자기 방으로 다시 돌아올 수 있게 해달라고, 새끼 잃은 짐승처럼 울부짖으며 떼를 썼다.

집에 막 도착했는데 남편에게 전화가 왔다. 지선이를 응급중환자실로 옮겼단다. 다시 병원으로 차를 몰았다. 남편이 병원 정문에 서 있다. 응급중환자실에는 보호자도 들어갈 수 없기에 우린 그대로 병원을 나설 수밖에 없었다. 지선이를 병원에 혼자 두고 돌아오는 길이 너무 아프고 괴로웠다.

집에는 왔으니 잠시 누웠으나 잠을 이룰 수 없었다. 뒤척이다 깨서 다시 병원으로 향했다. 병원에 도착해 지선이를 보고 싶다고 했더니 아무도 면회가 안 된다고 돌아가시라고 한다. 나는 혹시나 볼 수 있을까 싶어서 대기실 의자에 앉아 기다리고 있는데 의료진한테 전화가 왔다. 지선이가 엄마를 너무 찾는다고 해서 전화를 했으니 통화를 해보라는 것이다.

"엄마….."

엄마를 부르면서 뭐라고 말을 하는데 로비가 어수선하고 시끄러워 무슨 말인지 잘 들리지 않았다.

"지선아, 엄마가 지금 병원에 있어. 먹고 싶은 거, 갖고 싶은 거 있음 말해. 많이 아파? 혼자 있으려니 외롭고 힘들지? 엄마가 가까이 있으니까 언제든 전화해."

바빠서 이제 끊어야 한다는 간호사님 얘기에 더 이상 말을 못 하고 전화를 끊었다. 교회 사랑부 선생님들께 문자 메시지로 기도를 부탁했다.

5월 13일

지선이와 통화한 뒤로 마음이 타들어갔다. 지선이 옆에 있었던 어제가 더 좋았다는 걸 알았다. 지선이가 용변을 못 하고 도와주는 엄마도 없이 혼자서 힘겨워할 생각을 하니 애가 타서 병원을 떠날 수가 없다. 지선이가 더 병이 날까 걱정이 된다.

지선아   고마워

"하나님, 어떻게 해요. 저라도 같이 있게 해주세요. 제가 없는 그곳에 주님께서 함께 계셔주세요."

중환자실 출입문 바깥에서 기도하다가 저녁이 되어 다시 집으로 왔다. 지선이랑 매일 함께 걸었던 길을 다시는 같이 못 걷게 될까봐 두려움이 찾아온다.

5월 14일

새벽에 병원에서 연락이 왔다. 지선이가 30초에서 1분 정도 경련을 해서 기도삽관을 했고, 여러 가지 검사를 해야 해서 병원으로 와야 한단다. 병원의 새벽 호출에 심장이 쿵 한다. 별일 없어야 할 텐데….

우리 부부는 두려운 마음을 감추고 말없이 차가운 새벽길을 헤치며 혜화동까지 왔다. 도착해서 두 시간쯤 지났을까? 인턴이 지선이가 어제 새벽 1시쯤 잠깐 경련을 해서 부모 동의 없이 기도삽관을 했는데 그동안 언제 경련을 했는지 묻는다. 돌 지나고 뇌수막염으로 열성 경련을 했고 조혈모세포 이식 때에도 있었다고 얘기했다.

지선이가 뇌 CT를 찍으러 나오고 있었다. 기도삽관을 해서 머리에는 큰 가시관을 쓴 것 같고 팔은 다른 걸 못 만지도록 양쪽 침대 난간에 묶어놓고 양다리는 혈전이 안 생기게 붕대로 감아놨는데 양말을 벗겨놔서 추운지 발을 서로 모은 채였다.

어디서 본 모습 같았다. 내 나이 스무 살 때 세례를 받았는데, 꿈인지 환상인지 어슴프레 다가오셨던 분. "누구세요? 왜 이렇게 십자가에 달리셨나요?" 물었었다. 나는 그때까지만 해도 흰옷을 입고 부드러운 미소로 따뜻하게 말씀을 전하시는 예수님 모습만 생각했다. 평소 내가 상상하던 모습과 전혀 다른 예수님을 만나고 얼마나 울었는지 모른다. 십자가에 달려 계신 게 내 죄 때문이라는 말에 통곡을 했던 기억이 났다.

한순간 지선이가 그때 만난 예수님의 모습과 겹쳐 보였다. 나는 정신을 가다듬고 침대를 따라 걸으면서 "지선아, 엄마가 항상 문밖에 있으니 걱정 마. 예수님은 너와 더 가까이 계시구. 조금만 힘내자. 엄마는 지선이 믿어. 지선아, 힘내. 파이팅!"

주먹을 꽉 쥐고 밝게 웃으며 지선이를 CT실에 들여보냈다. 검사가 다 끝난 지선이가 다시 응급중환자실로 들어가고 나서 밖에서 한없이 울었다.

친구가 이것저것 챙겨 병문안을 왔다. 친구와 우리 부부는

지하 식당에서 점심을 먹고 한참 얘기를 나눴다. 친구가 우리를 집까지 태워다줘 고마웠다.

매일 같은 길을 다니며 두려움과 무서움이 많았는데 오늘은 마음이 편안했다. 고통을 공감해주는 사람이 있으면 살만하다는 것을 오늘 찾아온 친구를 통해 알았다. 많은 이야기를 나누는 가운데 감사의 필요성을 더 절감했고 하나님은 가장 좋은 때에 가장 좋은 것을 주신다는 믿음이 생겼다. 설령 가시밭길이나 불구덩이일지라도 말이다.

공황장애 증세로 병원생활이 적잖이 힘들었는데 누군가 함께 해준다는 것은 실로 놀라운 일임을 새삼 깨달았다. 정말 감사한 일이다.

5월 15일

중환자실 바깥쪽 대기실에서 지선이를 볼 수 있을까 하여 기다리고 있는데 김지수 선생님이 왔다. 지선이를 보고 갔는데 다시 와서 깜짝 놀랐다. 갓난아기를 맡기고 혼자 또 찾아오신 것이다. 지선이가 보고 싶어 하는 선생님이 왔다고 말씀드렸더니 의료진이 침대를 틀어서 지선이가 선생님을 볼 수 있게 배려해주셨다.

지수 선생님은 지선이의 모습을 보고 털썩 주저앉아 울었다. 엊그제 얘기하며 웃던 모습과 달리 중환자가 되어 기도 삽관을 한 모습에 너무 놀랐는지 바닥에 앉아 엉엉 울었다.

선생님을 겨우 달래 식당에서 같이 식사를 하려는데 좀처럼 먹지를 못한다. 그리고 조심스럽게 얘기를 꺼낸다.

"어머님에게 처음 하는 얘기예요. 지금까지 사람들은 제가 지선 씨에게 도움을 주었다고 생각하는데 실은 제가 지선 씨에게 많은 도움을 받았어요. 저는 지선 씨처럼 세상을 아름답게 바라보고 당당하게 앞으로 나아가지 못했어요. 그런 제게 지선 씨는 긍정적인 에너지를 주는 친구였어요. 지선 씨로 인해 첫 직장에 적응할 수 있었고 많은 사랑을 받아서 행복한 직장생활을 할 수 있었어요. 이제는 그 사랑을 내가 갚아야 하는데 이렇게 허망하게 떠나지는 않을 거예요."

그렇게 말하면서 내 손을 잡고 위로해준다. 지수 선생님처럼 지선이를 아는 분들의 공통된 이야기가 있다. 지선이에게 섬김만 받았다, 그 사랑을 갚아야 한다, 지선이는 사람을 행복하고 기분 좋게 한다, 지선이는 행복바이러스다….

잘 산다는 것이 무엇일까? 지선이를 보면 잘 살아온 것 같다. 부자도 아니고 학벌도 없고 지적 능력도 떨어지고 연약하고 부족하고 아프고 힘없는 가여운 아이지만, 누구보다 잘 살아왔다. 참으로 잘 살았다.

5월 16일

오늘은 주말이라 병원이 텅 비었다. 그래서 그 넓은 로비에 나, 그리고 남편의 임종을 기다리는 아주머니 둘뿐이다. 비까지 추적추적 내리는 날씨가 내 마음 같다.

주일예배 후에 이애경, 오광수 집사님께서 전화를 주셨다. 지선이가 이 정도로 아픈지 몰라서 미안하다고 기도하겠다면서 계좌번호 좀 알려달라고 하신다. 괜찮다고 기도만 해달라고 했는데 집으로 찾아오셨다. "우리 부부가 지선이에게 많은 사랑을 받았다"며 눈물로 아파하신다. 그러더니 지선이 치료비에 보태라고 기어코 봉투를 주고 가신다. 많은 분들에게 사랑의 빚만 쌓여간다.

5월 17일

오늘도 지선이를 볼 수는 없다. 하지만 가까이에서 응원하고 싶은 마음에서 병원에서 계속 기도를 했다.

하나님, 제발 지선이가 자기 방으로 돌아올 수 있게 해주세요. 제게 남은 생명을 나눠서라도 제발 1년만이라도 더 기회를 주세요. 그냥 이렇게 떠나면 제가 어떻게 살아가야 할지, 회한이 너무 많아서 감당할 자신이 없어요, 주님. 제 잘못이 이루 말할 수 없이 많지만, 제게 기회를 주세요, 주님. 변화된 삶을 살도록 더욱 힘써 노력하겠습니다. 하나님….

5월 18일

직장에서 함께했던 분들이 신유 집회에 함께 가보자고 해서 따라갔다. 돌아오는 길에 남편에게 전화가 왔다. 지선이가 기계를 떼고 자가 호흡을 한다고 했다. 얼마나 감사하고 기쁘던지…. 응답하신 하나님께 감사와 영광을 올려드렸다.

남편이 전해준 소식 하나에 세상이 달라 보였다. 많은 분들의 기도에 힘입어 지선이가 조금씩 좋아지고 있다는 생각이 든다. 고마운 분들이 참 많다. 늘 감사를 표현하며 살아야겠다.

5월 19일

오늘은 병원이 쉬는 날이라 중환자실 대기실이며 병원 로비에 사람이 없다. 혼자서 응급중환자실 대기실에서 지선이에게 좋은 소식이 있으려나 싶어 기도하면서 기다렸다. 그런데 지선이를 3층 내과계 중환자실로 옮기겠다는 연락이 왔다. 덕분에 지선이 얼굴을 보면서 3층까지 함께 이동했다. 지선이도 엄마를 보니 엄청 좋아한다. 잠깐이라도 지선이 얼굴을 본 것만으로도 감사하다.

3층 대기실에서 기다리고 있는데 복지관의 함보라 선생님이 오셨다. 병원에 들어올 수가 없어서 밖에 나가 기다렸다. 지선이 친구들과 선생님들의 응원을 담은 롤링페이퍼를 만들어오셨다. 모두의 마음이 느껴져 감사했고 마음이 따스해졌다. 지선이가 이 응원 메시지를 보고 힘을 내서 속히 일어나기를 기도하면서 집으로 돌아왔다.

5월 20일

지선이에게 가려고 준비하는데 병원에서 연락이 왔다. 폐렴 치료가 잘되어 준중환자실로 옮기게 되었는데 엄마가 함께 있을 수 있다는 소식이었다. 뛸 듯이 기뻐서 모든 분들께 기도해주셔서 감사하다고 전했다. 모두가 한결같이 자기 일처럼 기뻐하고 축하해주셨다.

서둘러 입원 준비를 해서 병원으로 갔다. 도착해서 대기실에서 아무리 기다려도 나오지 않아서 인터폰으로 물어보니 병실로 옮겨주시는 직원분들이 너무 바쁘다면서 양해를 구한다. 문이 열리고 중환자실 안을 보니 지선이 침상이 복도에 나와 있고 지선이는 컨디션이 좋아보였다.

문이 열릴 때마다 고개를 들어 올려 엄마가 있는지 확인해보는 지선이. 우리는 결국 6시가 되어서야 만날 수 있었다.

지선이는 엄마를 보자마자 하고 싶은 말이 많았다.

"엄마, 하루 종일 어디 있었어? 얼마나 기다렸는데…. 엄마 너무 보고 싶었어. 엄마 중환자실 너무 무서워. 중환자실 보내지 마. 중환자실 가기 싫어."

"알았어, 지선아. 이제 중환자실 절대 안 갈 거야. 중환자실 다시는 안 보낼게".

나와 지선이는 너무 반가워서 울었다. 그런데 지선이는 그동안 제대로 먹지 못해서 뼈만 앙상할 정도로 상해 있었다. 게다가 많은 항생제 처방으로 두드러기가 올라오고 부작용이 나서 주사를 맞았다.

그럼에도 이렇게 다시 만나고 곁에서 볼 수 있으니 다행이고 감사하다. 거의 2주 만에 편한 잠을 잤다. 모든 것이 감사한 하루였다.

5월 21일

아침부터 컨디션이 좋아서 일반 병동으로 옮기게 되었다. 콧줄도 빼고 소변줄도 뗐다. 이제 잘 먹이고 좋아져서 집으로 갈 수 있기를 기도하며 감사했다.

함께하시는 하나님께 감사, 치료하고 간호해준 의료진에게 감사, 잘 견뎌준 지선이에게 감사, 기도로 중보해주신 지

지선아   고마워

체들께 감사, 산천초목이 우리를 위해 산소와 바람과 그늘을 내주니 감사, 고난을 낭비하지 않고 주님께 돌이키려는 마음 주셔서 감사, 부모와 자식 관계를 통해 하나님 심정을 만분의 일이라도 헤아리게 하심 감사, 기도할 수 있음에 감사, 응답에 대한 믿음 주시니 감사, 하나님의 눈물이 내 눈에 떨어지고 내 눈물이 자식의 마음에 떨어져 자식을 살리는 엄마 되게 하시니 감사, 함께한다는 것 감사, 자가호흡을 할 수 있어서 감사, 존재로서 사랑을 주고받을 수 있어서 감사, 고난을 통해 우리 안의 불순물을 제거하시니 감사….

5월 22일

남편이 병원에 왔다. 오랜만에 아빠를 보니 지선이도 무척이나 좋아한다. 모처럼 좋은 시간을 보냈다.

미래 엄마는 지선이를 위해 영양죽을 끓여서 보내줬다. 지선이가 맛있게 잘 먹으니 금방 좋아질 것 같아서 감사했다. 많은 분들이 한마음으로 응원하고 기도해 주셔서 이런 날이 온 것 같다.

지선이는 지수 선생님이 언제 오시는지 손꼽아 기다린다. 아침부터 기다렸는데 길이 멀어 오후에야 도착했다. 선생님은 지선이를 남편 되는 분과 아기와도 영상 통화를 하게 하고 다정하게 응원해주어 정말 고마웠다. 오고 가는 길이 멀어 선생님이 힘들어하는 것을 눈치챈 지선이는 선생님이 돌아갈 때 다음에 또 오라는 말을 하지 않고 참았다. 그렇게 지수 선생님을 깊이 배려하는 지선이를 보면서 그 마음을 새삼 헤아려본다.

5월 23일

지선이는 여동생이 상당 기간 돌보고 키워서 이모를 좋아한다. 일반 병실에 오자마자 이모가 보고 싶다고 해서 이모를 불렀다. 지선이 이모와 이모부가 함께 지선이가 좋아하는 간식과 죽을 가지고 왔다. 이모는 지선이의 마음을 너무 잘 알아서 지선이가 좋아하는 것들을 잘해준다. 지선이가 오늘 이모부와 이모를 만나서 행복한 하루를 보내서 감사하다.

5월 24일

매일 주사와 채혈을 열 번 이상 하다보니 혈관이 약해져서 팔에 인공 혈관을 심는 시술을 했다. 딸에게 고통만 주는 것 같아 맘이 찢어진다. 오랫동안 대기하라고 한다. 심장이 터질 것 같다.

5월 25일

남편과 교대했다. 보건소에 지선이 치료비 지원서류를 내고 나서 친구와 함께 전원주택을 보러 다녔다. 지선이가 퇴원하면 지선이 건강을 위해 이사를 생각하고 있었기 때문이다.

병원에 가져갈 죽을 끓이고 집에 밑반찬을 만들어놨다. 병원에 가져갈 짐을 보더니 주영이가 들어다준다. 엄마가 힘든 걸 알고 주영이가 혼자서 집안일을 하고 있다. 기특하고 안쓰러워서 안아주니 "엄마, 나도 기도 열심히 하고 있어. 너무 걱정하지 마" 하며 위로해준다.

우리 막내아들이 많이 컸구나 싶어 감사했다.

5월 26일

남편은 밤새도록 지선이 숨소리가 고르지 못해 새벽 4시까지 잠을 못 잤다고 한다. 지선이는 밤새 세 번이나 소변을 보려고 남편을 깨우면서 "아빠, 피곤하게 해서 미안해" 했단다. 안 그래도 되는데… 그 배려가 더 마음을 아프게 한다.

5월 27일

기관지 내시경 검사를 위해 본관으로 가서 대기하고 있었다. 생각보다 일찍 나와서 무슨 일인가 했는데 지선이가 너무 힘들어해서 검사를 못 했다고 한다.

일단 지선이가 힘들어하니 여러모로 고민하면서 마음 써주시는 의사선생님의 배려가 감동으로 다가왔다. 최선을 다해주시니 더욱 신뢰가 갔다.

5월 28일

오늘은 지선이가 힘들어해서 밖으로 나가 햇볕도 쬐고 운동도 시키려는데 또 비가 온다. 병원에 있는 동안 왜 이리 비가 많이 오는지. 지선이가 병원에 오는 날에도 비가 내렸다. 그날 나는 극심한 스트레스로 공황장애가 와서 숨이 잘 안 쉬어지고 눈물만 났는데 날씨까지 마음을 가라앉게 했다.

밖으로 나갈 수 없으면 지선이가 힘들어한다. 그러면 나도 가슴이 서늘해지면서 조여오고 예리한 칼로 베어내는 것처럼 저린다. 지선이 기분 전환을 위해 병원 내 식당가를 돌고 편의점을 들른다. 지선이가 좋아하는 스티커북을 사주고 병실로 돌아와 죽을 먹이고 한숨 재웠다.

오늘은 남편이 시댁에 들러 음식을 가져오기로 했는데 아무리 기다려도 오지 않는다. 지선이가 아빠를 찾는데 아빠는 오지 않고 나는 여전히 숨이 안 쉬어진다.

지선아   고마워

5월 29일

지선이가 중환자실에서 균에 감염이 되어 다른 환자와 접촉을 하면 안 되니 2인실을 혼자서 사용하게 되었다. 덕분에 마음껏 예배를 드릴 수 있어서 좋았다. 매일 찬양과 말씀을 듣고 기도하고 예배할 수 있는 환경을 주셔서 감사했다.

그런데 지선이가 지난주보다 상태가 악화된 것 같아 마음이 힘들다. 저녁이 되면 더 안 좋아지고 잠을 잘 안 자서 저녁이 오는 게 무섭다. 오늘은 새벽 1시에 엄마를 부른다.

"왜? 어디 아프니?" 하고 물으니 의자를 가져와 옆에 앉아 있으라 한다. 찬양을 틀어놓고 자장가를 불러주며 눈을 붙이라고 했다. 뭔가 따로 하고 싶은 얘기가 있었던 걸까?

5월 30일

오늘은 주일이다. 지선이와 함께 하루 종일 예배를 드렸다. 주일예배에 이어 사랑부 예배를 유튜브로 드릴 수 있어서 좋았다. 주로 유튜브로 향상교회 예배를 드리고 나서 선한목자교회 유기성 목사님의 설교를 찾아듣고 은혜로운 시간을 가질 수 있어서 감사하다.

오늘은 지선이가 컨디션이 좋아서 나도 기분이 좋았다. 어떻게든 잘 치료되어 집으로 돌아가기를 간절히 기도했다.

오늘은 〈주가 일하시네〉 찬양과 함께 하루 종일 은혜로운 시간이었다. 주님께서 일하실 줄 믿는 마음으로 감사기도를 드렸다.

그런데 좀 전에 병원에서 지선이가 중환자실로 가야 할 수도 있다고 한다. 또 심장이 떨어졌다.

5월 31일

5월의 마지막 날이다. 내게 5월은 가장 아름다운 계절이었다. 그런데 지선이가 아픈 뒤로는 5월이 다르게 다가왔다. 가장 무서운 한 달을 보냈다.

남편이 지선이와 운동도 하고 밥도 먹이니 한결 마음이 안정이 되었다. 혼자일 때보다 둘이 함께하면 두려움이 사라지고 평안이 찾아온다. 걱정도 함께 나누니 위안이 된다.

지선이가 저녁에는 항상 먹던 팥죽이 먹고 싶다고 한다. 혜화동을 뒤져서 사다 먹였다. 다 먹이고 족욕을 해줬다. 지선이가 잠을 잘 자서 감사하다.

6월 1일

새로운 마음으로 새달을 맞이하면서, 기도하고 기대하며 기다리기로 했다. 이번 달에는 퇴원해서 다시 집으로 돌아갈 수 있기를 기대하며 지선이와 운동을 하고 예배도 드렸다.

그런데 밥을 안 먹는다. 독한 약이 아홉 가지나 되는데 식사를 안 하면 약을 먹을 수가 없다. 약을 먹어야 호전되고 집으로 갈 수 있는데 약을 먹으면 속이 울렁거리고 구토를 한다. 그래서 식사를 하지 않겠다고 한다. 마음이 너무 힘들다.

우리 방으로 중환자실에서 사용하는 의료기구가 들어온다. 간호사실에서 산소포화도며 여러 수치를 지켜볼 수 있게 모니터를 바꾼다. 기도하는 마음으로 지켜보고만 있다. 하나님을 신뢰하며.

6월 2일

오늘도 비가 내린다. 오늘도 지선이 상태는 날씨와 같다. 지선이가 힘들어해서 밖으로 데리고 나가 햇빛을 보게 해야 하는데, 그래야 밥도 먹고 약을 먹을 수가 있는데 올해는 왜 이렇게 비가 많이 오는지….

지선이가 병원에 오는 날부터 지금까지 거의 격일로 비가 오는 느낌이다. 비오는 날 차 안에서 음악 들으면 운치 있어서 좋아했는데 이제는 비오는 날이 너무너무 싫다. 비오는 날이 너무 우울하고 무섭다. 제발 비가 그치기를….

최근 들어 〈주가 일하시네〉 찬양이 가슴에 와닿는다. 주님의 때에 주께서 일하시는 것을 신뢰하지 못하고 믿음으로 맡기지 못한 것이 죄송하다.

선하신 하나님을 굳게 신뢰하고 의지하게 해주세요. 주님의 일하심을 믿고 맡기게 도와주세요.

6월 3일

지선이에게 내일은 선화 이모, 윤채 이모가 오니까 오늘 잘 먹고 내일도 밖에서 맛있는 것 먹자고 했다. 지선이 기분이 좋아져 복도에서 운동도 하고 엄마를 위해 힘을 내는 것 같아 고맙고 감사하다.

지선이에게 좋아하는 것, 먹고 싶은 것 다 얘기하라고 했다. 조금이라도 호전되는 데 도움이 될까 하여 자꾸 말하라고 해도 먹고 싶은 게 없다니 속상했다.

지선이를 지키고 치료해달라고 하나님께 떼쓰는 기도를 했다. 좋은 것만 주시는 하나님을 의지하며 오늘도 무사히 잘 보냈다.

6월 4일

지선이는 일찍 일어나서 샤워를 했다. 얼굴에 마스크팩도 붙여줬다. 이모들에게 예쁘게 보여야 하니까 아침부터 식사를 해야 한다고 온갖 애교를 떨어가며 조금 먹었다. 그것도 감사했다.

기다리던 선화 이모, 윤채 이모가 도착했다. 지선이는 이모들과 밖으로 나가 햇볕도 쬐고 운동도 하고 들어왔다. 그 시간 동안 병실에 혼자 있어서 좋았다. 이모들이 바리바리 싸온 음식으로 지선이 입맛을 살려보려 하는데, 다행히 지선이가 나갔다와서인지 기분 좋게 잘 먹었다. 이모들이 돌아간 후에도 저녁도 잘 먹고 약도 잘 먹어서 감사한 하루를 보냈다.

6월 5일

어제 이모들이 다녀가고 입맛을 되찾았는지 오늘은 아침부터 잘 먹었다. 표현도 많이 하고 책도 보고 마음의 안정을 찾은 것 같다. 그래도 약을 먹으면 속이 울렁거리고 구토를 한다. 그나마 약을 먹을 수 있어서 감사하다.

오후에는 남편이 와서 지선이와 대화를 하고 운동도 시켰다. 지선이는 아빠를 좋아해서 남편이 다녀가고 나면 그만큼 안정이 되어 좋다. 지선이의 좋은 컨디션이 우리에게 희망을 주고 힘을 내게 해준다.

6월 6일

오늘은 주일이라 지선이와 예배를 드릴 수 있어서 좋았다. '슬기로운 언어생활'이라는 제목으로 3주간 시리즈로 말씀을 전하신단다.

우리 교회 김석홍 담임목사님은 말씀에 목숨 거는 분 같다. 단어 하나를 허투루 사용하지 않으려고 애쓰신다. 많은 분들이 은혜를 받는 데는 이유가 있는 것 같다. 더 은혜가 되는 것은 어떻게 살아야 하는지를 쉽게 알려주신다는 것이다. 예배당에서 드리는 예배도 중요하지만 일주일 168시간 삶의 예배가 중요하다고 강조하신다. 그 영향으로 나는 늘 삶이 예배가 되게 해달라고 기도한다. 물론 넘어질 때가 허다하다.

오늘 예배에서 하나님의 자녀는 삶에서 정직하게 살아야 한다고 강조하신다. 사람은 자기 욕심과 탐욕 때문에 거짓말을 하는데 결국 그들은 하나님보다 자기를 더 사랑하는 자라는 것이다. 성령충만한 사람은 자기 혀가 아니라 주님의 마음으로 말하고 살아간다. 하나님을 경외하는 자는 정직하게 말하고 정직하게 살아가는 사람이다. 정직한 말과 정직한 삶은 사활이 걸린 문제다. 개인과 가정과 공동체의 생사가 걸린 문제다. 죽기 살기로 만들어가야 할 하나님의 성품이다.

지선아   고마워

오늘 말씀은 나의 심장을 관통했다.

6월 7일

오늘은 지선이 맥박이 너무 빨리 뛰어서 심장 초음파 검사를 하러 갔다. 전에는 함께 들어갔는데 오늘은 보호자는 나가 있으라 한다. 할 수 없이 지선이 혼자 두고 나왔는데 한참이 지나도 계속 기다리라고만 한다.

검사가 끝났는데도 지선이를 계속 혼자 두게 한다. 기다리다 못해 들어가서 아이가 떨고 있는 게 안 보이냐고, 호흡기 환자가 감기라도 걸려서 위험해지면 책임지실 거냐고 했다. 침대 옮기는 직원들이 바빠서 지연이 되고 있다기에 그럼 내가 직접 하겠다고 했다. 의료진이 지선이 상태를 보더니 우리가 하겠다면서 데려다준다.

병실로 돌아가다가 마침 주승이를 만났다. 누나가 먹고 싶다는 피자와 치킨을 사왔다. 주승이 얼굴도 보고 지선이가 먹을 수 있게 잘게 다져서 먹였다. 누나를 위해 애써준 주승이가 기특하고 고맙다. 지선이는 그런 동생이 멋지다고 한다.

초음파 검사실에서 따지듯 말한 것을 좀 참을걸, 후회가 들었다. 순간 지선이만 생각했다. 죄송한 마음이다.

6월 8일

지선이 항생제 균이 다 치료되었다고 이제 4인실로 옮기라 했다. 4인실에서 칸막이 커튼을 치는데 지선이가 답답하다고 걷어달란다. 감염을 조심해야 해서 안 된다고 해도 계속 가슴이 답답하다고 한다. 창가 자리가 비어있어서 병원 측에 그쪽으로 옮기겠다고 하니 안 된단다. 병원 규칙이란다.

지선이를 데리고 밖으로 나갔다. 너무 오래 나와 있었던지 산소통이 바닥났다. 지선이 기분 풀어주려고 편의점 쇼핑까지 하느라 깜빡한 것이다. 급하게 산소통을 가지러 올라가는 동안 가슴이 콩당거린다. 뒤늦게 놀란 가슴을 쓸어내렸다. 아무 일 없어서 다행이다.

6월 9일

오늘은 지선이를 운동시켜주겠다며 윤채가 혼자서 왔다. 눈물 날 정도로 고맙고 감사했다. 코로나로 어려운 시기에 이렇게 여러 번 와서 위로하고 격려해주는 것이 결코 쉬운 일이 아님을 안다. 그 마음이 느껴져 감동이었다. 빚만 늘어간다. 남은 인생 동안 이 사랑의 빚을 다 갚을 수 있으려나.

지선아   고마워

6월 10일

남편이 병원에 왔다. 지선이는 아빠가 와 있는 동안 엄마가 집으로 갈까봐 미리 걱정한다. 아빠는 빨리 집에 가서 동생들을 돌보라고 한다. 엄마가 안 가고 있을 거라고 해도 지선이는 아빠가 병원에 오면 엄마가 집으로 갈지 이미 아는 것이다. 그래서 하루 종일 지선이와 운동도 하고 아빠와 함께 산책도 하고 지선이가 좋아하는 편의점 쇼핑도 했다.

저녁식사 시간이 되어 병원에서 나오는 유동식을 주려는데 팥죽이 먹고 싶단다. 서울대병원에서 파는 것 말고 본죽을 먹고 싶단다. 병원 근처에 있는 본죽으로 가는데 비가 보슬보슬 내린다. 비를 맞아도 잘 먹어만 준다면 어딘들 못 갈까. 지선이는 잘 먹었다. 너무 고마웠다.

지선이를 씻기고 잠든 뒤 살금살금 나오려는데 지선이가 알았다. 치료비를 비롯해서 여러 가지 처리해야 할 일들이 많아서 나갔다 와야 한다고 설명했지만 지선이가 불안해하여 마음이 힘들었다. 그래도 결국 지선이를 이해시키고 올 수 있어 다행이다.

6월 11일

지선이가 퇴원하면 엘리베이터 없는 4층에서 살기가 어

려울 것 같아 공기 좋은 전원주택을 알아봤다. 아무래도 용인 세브란스병원 근처가 좋을 것 같아 동백 전원주택 단지와 향린 동산쪽을 돌아보았다. 남편과 같이 다시 오겠다고 하고 나왔다. 의례적인 얘기지만 거짓말을 한 것이다. 남편과는 아직 상의도 안 한 상태였다. 지난주에 죽기 살기로 정직하게 말하고 정직하게 살겠다고 하나님께 기도했는데 아무리 작은 거라 해도 거짓말이 습관화된 나를 발견하고 놀랐다.

그때 주영이한테 전화가 왔다.

"엄마, 꿈에 누나가 활짝 웃으며 예수님과 함께 찾아왔어. 엄마, 이게 무슨 꿈이야?"

그 말에 갑자기 두려워졌다. 목숨 걸고 정직하게 살겠다고 기도했는데… 지선이한테도 아빠가 있어도 엄마는 안 나가고 옆에 있을 거라고 거짓말하고, 집주인에게는 마치 계약 의사가 있는 것처럼 의례적인 거짓말을 한 것이다.

주영이의 꿈 이야기를 듣고 다리가 후들거리고 남은 일정을 다 취소하고 돌아가고 싶었다.

비를 맞으며 밤 10시에 병원에 도착해 남편과 교대했다. 낮에 전화했을 때 괜찮다고 해서 안심했는데 지선이는 엄마가 늦게 왔다며 울었다. 마음이 편치 않았다. 나 스스로에게 화가 났다. 남편을 보내고 오늘의 모든 상황을 회개했다.

6월 12일

오늘은 윤채와 선화가 왔다. 지선이와 산책도 하고 대화도 하면서 지선이 사투리에 두 이모가 쓰러진다. 모처럼 지선이가 깔깔깔 웃는 모습을 본 것 같다. 정말 감사한 일이다. 누가 이렇게 힘든 시기에 몇 번씩 찾아오고 챙겨줄 수 있을까. 두고두고 잊지 말아야 한다.

남편은 자꾸 악몽을 꾸고 잠을 설쳐서 지친다고 한다. 그도 그럴 것이 거의 매일 퇴근하고 병원에 들렀다 집에 도착하면 밤 12시가 넘는다. 그런 상황에서 악몽으로 잠을 깊이 못 자면 힘들 수밖에. 서로 감사나눔을 통해 이 과정을 이겨내자고 노력하는데 나도 요즘 자꾸 불안감이 엄습한다. 무엇보다 지선이 컨디션이 안 좋아져 심란하다.

6월 13일

남편과 지선이와 함께 주일예배를 드릴 수 있어서 감사하다. 오늘은 '슬기로운 언어생활' 두 번째 말씀이다.

> 정직하게 행하는 자는 여호와를 경외하여도
> 패역하게 행하는 자는 여호와를 경멸하느니라
>
> (잠언 14:2)

오늘 성경말씀에서 "패역하게 행하는 자"는 "그릇된 길을 걷는 사람"(새번역)을 말한다. 그리스도인으로서 대놓고 부정직하게 살려는 사람은 없을 것이다. 그런데 그리스도인이든 아니든 우리는 자기 욕심이나 욕망을 채우려 할 때 거짓을 택하는 경우가 많다. 이것은 곧 자기 사랑이다. 따라서 부정직한 사람은 하나님보다 자기를 사랑하는 사람이다.

하나님을 경외하는 자, 곧 정직한 자의 특징이 있다. 첫째, 정직한 사람은 자기 마음을 살핀다. 둘째, 하나님이 함께하신다는 믿음과 정직을 위해 대가를 지불하는 용기가 있다. 셋째, 정직하기 위해 실제로 기꺼이 대가를 지불한다. 넷째, 정직하게 살면 때로 미움을 받는다.

목사님 설교를 요약 정리하면서, 내가 부정직한 삶, 하나님을 멸시하고 예수님을 십자가에 못 박는 삶을 살지는 말아야 하는데 하는 두려움이 들었다. 영적 민감성이 회복되길 기도했다.

6월 14일

지선이 병실에 코로나 확진자가 나와서 병실이 폐쇄되고 코로나 검사를 받았다. 병실에 팽팽한 긴장감이 감돌았다.

맞은편 할머니께서 확진이 되셔서 지선이가 가장 위험한

지선아   고마워

상황이다. 지선이와 확진자 보호자가 접촉을 해서 더 긴장이 된다. 두려움과 무서움이 몰려오지만, 힘들어하는 딸아이에게는 아무렇지 않은 척하느라 하루가 너무너무 길게 느껴진다.

교회 이명숙 전도사님께 이 상황을 전했다. 기도가 시급해서다. 나도 기도하라는 사인으로 알고 금식기도에 들어갔다.

6월 15일

확진된 환자분이 1인실로 옮겨진 뒤 다시 코로나 검사를 진행했다. 지선이도 병실을 옮겼는데, 먼저 입원 중이던 분이 돌아가셔서 지선이가 오게 된 것이다. 병원에서는 최고의 병실이라 했지만 나는 공연히 신경이 쓰였다. 그래도 지선이가 최신식 침대를 쓰게 된 건 감사한 일이다.

나는 이 병실이 하나님이 우리와 함께하시는 공간이 되기를 바라는 마음으로 TV도 켜지 않고 전화 통화도 자제했다. 찬양하고 말씀 읽고 기도하는 데 더욱 시간과 마음을 쏟았다. 그런데 저녁이 되자 지선이가 열이 나면서 의식이 또렷하지 않고 신음 소리까지 냈다.

전도사님께 기도를 부탁하려고 전화드렸는데 안 받아서 다급한 마음에 담임목사님께 전화를 드렸다. 지선이 상태를 얘기하고 기도를 부탁드리니 목사님은 온 성도들이 기도하고 있다면서 "그리 아니하실지라도 하나님의 뜻을 받아들이셔야 한다"고 하신다. 아니라고, 나는 아직 지선이를 보낼 준비가 안 되었다고, 지금 떠나면 너무 힘들 것 같다고 말씀드리니 "지금 당장은 아니더라도 하나님께서 지선이를 데려가신다면 이제는 하나님의 뜻을 받아들이셔야 할 때인 것 같다. 집사님이 너무 많이 힘들어하셔서 걱정이 된다"고 말씀하셨다. 그리고 지선이를 위해 마음을 다해 기도해주셨다. 밤새 열이 나고 힘들어하는 지선이를 위해 기도하면서 엄마가 곁에 있다고 격려하며 안정시켰다.

6월 16일

오늘도 코로나 검사를 했는데 앞으로도 계속해야 한단다. 증상이 언제 나타날지 모르는 일이라 14일 동안은 계속해야 한다. 결과는 음성으로 나왔지만 오늘도 지선이가 열이 나서 걱정이다.

지선이는 누워서 수요예배를 드렸다. 교회에서 성도들이 예배 때마다 기도하고, 중보기도실에서도 매일 지선이를 위한 기도가 이어지고 있다. 정말정말 감사하고 감사하다. 온 성도님들이 눈물로 기도해주시니 나도 지친 몸으로 힘을 내자 다짐하며 금식하며 기도할 수 있어 감사하다. 기도 후에 열이 좀 떨어져 기쁘고 감사했다.

감사한 마음으로 혼자 예배를 드리는 중에 아는 분에게서 카톡이 왔다. 기도를 마친 후 연락을 하니 왜 빨리 연락을 안 하냐면서 이러저러해서 생활이 힘들다며 내게 하소연을 하신다. 사정이 안타깝고 딱하다는 게 공감이 되면서도 지금 생사의 기로에 놓인 딸을 가슴 졸이며 간호하는 내게 할 얘기인가 싶어 많이 속상했다. 결국 통화를 좋지 않게 끝냈다.

그런데 어떻게 알았는지 지선이가 다시 전화를 하라고 한다. 화장실에서 통화했는데도 들었던 모양이다. 나는 전화하고 싶은 마음이 없었다. 그 마음을 알아챘는지 아픈 중에도 지선이는 "엄마, 많이 속상하지? 그래도 사이좋게 지내야지" 하는 거다. 그 말에 마음이 녹았다.

그렇게 지선이 덕분에 다시 전화를 걸어 먼저 사과를 하고 화해를 했다. 지선이는 큰소리 내고 싸우는 걸 제일 싫어했다. 지선이는 화평자였고 나를 가르친 선생님이었다.

6월 17일

어제는 식사를 못 해서 약을 먹일 수가 없었다. 오늘은 주사를 맞고 밥을 갈아서 주스처럼 마시게 했다. 그리고 10분에 한 가지씩 약을 먹었더니 구토하지 않고 잘 먹었다. 지선이가 오늘은 잘 먹고 표현도 많이 하고 책도 보고 있어 마음이 천국이다.

이정숙 집사님이 헌혈증서와 편지를 보내왔다. 지선이에게 보여주며 이야기하니 좋아한다. 감사하다고 전해 달란다. 오후에는 피검사에서 혈소판 수치가 낮아서 혈소판을 맞았는데 옆구리가 아프다고 의사선생님을 불러달란다. 옆구리에 피멍처럼 붉은 반점이 나타났다. 혈관이 터져서 출혈이 있는 것 같았다. 저녁에는 사타구니 쪽에도 붉은 반점이 보인다. 가슴이 또 콩닥거린다.

6월 18일

지선이 중간 치료비를 정산해야 해서 여기저기 전화를 돌렸다. 그런데 문자 하나가 날아왔다. 버팀목 대출을 해준다는 것이다. 통화를 하던 중에 아무래도 이상해서 보이스피싱으로 신고하고 대출 신청을 취소했다. 2시간 정도 지났을까? 국민은행이라면서 대출 승인이 났다는 것이다.

일단 전화를 끊고 국민은행 영등포지점을 검색했더니 세 군데 지점이 나왔다. 세 곳 모두 전화를 해서 나하고 통화한 사람이 국민은행 직원이 맞는지, 대환대출을 해준다고 한 담

지선아   고마워

당자 이름을 물어봤는데 다 맞다는 것이다. 확실하구나 싶어 보이스피싱 신고를 철회하고 대출을 진행했는데 결론은 보이스피싱이었다.

그들이 카톡에 친구추가를 하라고 해서 시키는 대로 했는데 그 순간 내가 거는 모든 전화가 그들에게 연결된 것이다. 내가 확인하고 또 확인한 은행, 금융감독원, 금융결제원에 건 전화를 몽땅 그 일당들이 받은 것이다. 포털창에 검색해서 건 전화조차도 그들에게 연결되었으니, 내가 일곱 군데 일일이 전화로 확인한 것이 다 허사였던 것이다. 그들의 사기 수법을 어떻게 당해낼까. 나중에 안 사실이지만 아무 전화나 받아도 안 되고 친구 수락해도 안 되고 문자를 확인해도 안 된다고 보이스피싱 담당 경찰이 알려주었다.

내가 어쩌다 보이스피싱을 당한 걸까? 3평 정도 되는 병실에 갇혀서 문도 못 열고 위급상황이라 나갈 수도 없다 보니 폐소공포증과 공황장애가 세트로 찾아왔다. 그래서 시야도 좁아지고 판단력이 흐려진 걸까? 아니면 당장 치료비 때문에 돈이 급하니 눈이 멀었을까?

무엇에 홀린 것처럼 당해버린 나를 돌아보며 깨달았다. 모든 일에 주인 되신 그분께 묻지 않고 행동한 것이 문제였다. 급한 마음에 내 맘대로 판단했다. 내가 수도 없이 전화해서 물어본 곳은 다 엉터리였다. 정작 물어야 할 하나님께는 아무런 상의도 하지 않았다. 하나님 생각이 나지도 않았다. 급할수록 숨을 고르며 하나님께 기도하는 것이 우선임을 소를 잃고 나서야 깨달았다.

딸아이가 서울대병원에서 위급상황이다, 코로나 확진자와 밀접 접촉해서 격리 중이라 내가 꼼짝할 수 없다, 치료비가 필요하니 꼭 승인해달라, 부탁까지 했다. 이렇게 다급하고 죽을 만큼 힘든 사람에게 사기 치는 일당들에게 분노가 치밀었다. 용서가 안 되었다. 6월 28일 격리 해제가 되면 그들을 잡겠다고 시나리오를 짜고 경찰과 함께 들이닥칠 생각으로 아들을 시켜 그들을 유인할 계획도 세웠다.

마침 유기성 목사님의 설교가 나온다. 지선이에게 들려주려고 유튜브를 켰는데 내가 듣게 하신다. 우리가 어디든, 무슨 일이든 결정하기 전에 하나님께 물어야 한다는 것이다. 그런데 매일 다니는 길이어서 잘 안다고, 지름길까지 알고 있다면서 교통사고도 나고 도로가 공사 중이어서 한참을 돌아가기도 한다는 것이다. 딱 내게 하는 말씀이었다.

지선이가 화장실 가고 싶다면서 넌지시 묻는다.

"엄마, 주승이랑 왜 경찰서에 전화했어요? 주승이한테 무슨 일 있었어요?"

"아니야, 지선아. 아무 일 없었어. 걱정하지 마" 하고 간식으로 지선이가 좋아하는 콘초코 스낵을 먹이는데 남편한테 전화가 왔다. 지선이가 "아빠, 주승이 무슨 일 있어? 주승이 왜 경찰서에 간다고 하는 거야?" 한다. 남편이 무슨 얘기냐고 물어서 지선이가 잘못 듣고 하는 말이라고 얼버무렸다. 그리고 주승이에게는 "아빠가 아시면 속상해서 병이 날 수 있어. 엄마가 해결할 수 있으니까 아직은 우리끼리만 알자"고 메시지를 보냈다. 이런 나의 태도에 문제가 있음을 뒤늦게 알게 되었다. 무슨 일이든 먼저는 하나님께, 그리고 남편에게 상의해야 한다는 것을 깨닫고 회개했다.

나는 이곳에서 주님께만 집중하기로 해놓고는 정작 온갖 것들로 마음을 뺏기고 있다. 하나님께 드린 기도가 허망하게 느껴지고 부끄러웠다.

6월 19일

새벽 두 시가 넘었는데 지선이가 울면서 일어났다. "엄마 꿈꿨어. 외할머니를 만났어" 하며 이모에게 전화해달라고 한다.

"지선아 지금 새벽 두 시야. 이모 자고 있어. 지금은 자고 이따가 일어나서 전화하자." 달래서 다시 재우려는데 계속 소리 없이 운다. 가슴이 쿵 내려앉는다. 지선이 꿈에 왜 엄마가 찾아왔을까? '엄마, 지선이가 많이 아파요. 어떻게 해야 해요? 이번에는 많이 불안하고 무서워요. 숨이 잘 안 쉬어지고 눈물만 나요. 엄마 엄마 엄마….' 이제 세상에 없는 엄마에게 마음으로 하소연을 했다.

지선이가 조혈모세포 이식을 했을 때가 떠올랐다. 하나님께 감사로 충성을 다짐하고 지선이를 살려주셨으니 잘 키우겠다고 기도드린 것이 생각났다. 그동안 나는 그렇게 살았는가? 생명을 살려주신 그 큰 은혜를 감격하며 누리고 나누며 살았는가? 나는 하나님께 충성되이 살지도, 맡겨주신 자녀를 제대로 돌보지도 못하고, 내게 주신 것들을 누리지도 나누지도 못한 채 다시 예전 모습으로 살아왔음을 뼈아프게 직면했다.

6월 20일

주일이라 지선이와 예배를 드렸다. 평소 같으면 남편이 와서 함께 드릴 수 있었을 텐데 격리 중이라 아무도 만날 수가 없다.

오늘은 '슬기로운 언어생활' 세 번째 말씀이었다. 예배 후

지선아   고마워

에 나의 삶을 돌아보았다. 과연 나의 입술은 어떤 입술이었나. 사람을 살리는 입술이었나, 죽이는 입술이었나. 후자가 아니었나 싶다.

지선이가 옆에서 "엄마, 기도하자"한다. 지선이는 모든 이들에게 예쁜 말, 좋은 말, 사랑의 말 하기를 좋아했다. 다른 사람을 비방할 때에는 흘겨보면서 아무리 어른이라도 야단까지 쳤다. 엄마로서 어른으로서 지선이에게 부끄러운 점이 많다

이 '슬기로운 언어생활' 3주간의 예배를 통해 나는 정말 변화가 절실함을 깨닫게 되었다. 이 예배 영상을 내가 알고 있는 모든 사람에게 전달하면서 꼭 보도록 권면했다. 나는 30회 이상 본 것 같다. 내 생각과 마음을 새롭게 하고자 보고 또 본다.

하나님, 제가 우리 지선이처럼 아름답게 이 세상을 살아가게 하소서. 지선이와 함께라면 매일매일 그렇게 살아갈 수 있을 거 같아요. 그러니 하나님, 지선이를 제 곁에서 떠나지 않게 해주세요.

6월 21일

지선이가 아침부터 복지관 선생님들과 친구들이 보고 싶

다고 한다.

"엄마, 미래 언니 오라고 하지?"

"여기 못 오잖아"

"코로나 때문에?"

"그래. 영상으로 통화할까?" 했더니 그렇게라도 보고 싶단다. 전화를 연결해줬더니 정작 하고 싶은 말은 한마디도 못하고 눈물만 흘린다. 말이 안 나오니 영상에 나오는 미래 얼굴만 바라보며 쓰다듬고, 말을 하려다 울고 또 말을 하려다 울고, 결국 한마디도 못 하고 얼굴만 화면으로 만지다 끊었다. 그동안 친구이자 동생이자 보호자처럼 함께하면서 가장 오랜 시간을 보냈으니 아픈 마음이 컸으리라.

'미래 언니, 나 이제 언니가 볼 수 없는 곳으로 가야 해. 복지관에서도 교회에서도 지선이 방에서도 같이 놀 수도, 돌봐줄 수도 없어. 언니, 그동안 함께해줘서 고마워. 사랑해. 건강하게 잘 있어.' 지선이는 이 말이 하고 싶었던 걸까. 다시 눈물이 쏟아진다.

밤 10시가 넘었다. 갑자기 의사선생님이 CT를 찍으라고 한다. 격리되고 처음으로 병실을 나와 엘리베이터 앞까지 왔을 때 5초 간격으로 두 번 기절을 한다. 나는 자꾸 지선이를 깨웠다.

"지선아, 지선아, 조금만 힘내자. 지금 엘리베이터 내려가면 편의점 나오는 것 알지? 지선이 사고 싶은 것 모두 사줄거야. 정신 차리고 가자. 지선아, 조금만 힘내. 사랑해."

1층 CT실까지 왔는데 지선이가 자꾸 정신을 놓으려 한다. 밖에서 기다리는데 잠깐이 한 시간처럼 느껴져서 애가 탔다. 나오는 지선이는 힘들어하면서도 "지선아, 편의점 갈까?" 했더니 가겠다고 한다. 사고 싶은 거 모두 고르라 해도 힘들어한다. 지선이가 좋아하는 콘초코, 치토스, 마이쮸, 스프라이트를 10개씩 사주고 병실로 와서 재웠다. 자는 동안 산소포화도가 자꾸만 떨어져서 계속 산소를 늘려주느라 나는 잠을 잘 수가 없었다.

6월 22일

주승이에게 연락이 왔다. 개인 일정까지 미루고 용인 경찰서에 가서 힘든 사람을 사기치는 범죄는 꼭 잡아야 한다며 신고했는데 희망이 없다고 실망하여 전화한 것이다. 엄마가 병원에서 나가면 어떻게든 잡겠다고 하니 "엄마는 누나한테만 신경 쓰세요. 여기는 내가 계속 알아볼게요" 하며 엄마를 위로한다. 기특하고 고맙다.

지선이는 하루에 열 번도 넘게 "선화 이모는 뭐하노? 선화

이모는 언제 오노?" 한다. "오늘 오기로 했는데 코로나 때문
에 격리되어서 28일에 온다고 했어. 그날은 보고 싶은 사람
다 오라고 하자" 했더니 "응, 빨리 좀 오지" 한다. 지선이가
보고 싶은 사람들을 코로나 때문에 못 봐서 더 병이 날 것 같
다.

6월 23일

의사선생님이 오전 회진하면서 CT 결과가 좋지 않다며 아
빠를 오시라고 연락하란다. 지선이가 며칠 못 갈 것 같다는
것이다. 지선이가 여러 차례 죽을 고비를 넘겼고 계속 기도
하고 있다고 했더니 기도가 아주 많이 필요하다면서 "아버
님께 드릴 말씀이 있으니 오시면 좋겠어요"라고 했다.

지선이가 아빠에게 병원에 올 때 자기가 좋아하는 책을 사
오라고 여러 가지 책을 알려준다. 저렇게 좋아하는 것들을
놓고 어떻게 떠날 수 있을까? 마음이 미어진다.

지선이를 생각한다. 지선이가 보여준 것들이 파노라마로
지나간다. 자신보다 힘든 사람 도와주고 어려움을 겪는 이에
게 먼저 다가가 손 내민 지선이. 미래 언니를 한결같이 섬기
는 삶을 보여준 지선이. 자식을 통해 나의 삶을 반추해본다.

시어머님이 계속 전화를 하셨다. 지선이가 어떤지 궁금하

다고 하면서 우신다. 받기 싫어하는 지선이에게 마지막 통화
가 될 것 같아서 받게 했다. 할머니 말씀에 모두 예, 예 하면
서 "할머니, 건강하세요" 하며 끊는다.

시어머니와의 관계로 인해 많이 힘들었었다. 이제는 시어
머니를 사랑하게 해달라고 기도한다. 이 또한 지선이에게 배
운 것이다.

6월 24일

지선이가 숨을 길게 못 쉬어 숨쉬기 운동을 하고 있다. 전
담 운동치료사가 와서 친절하게 설명해준다. 치료사는 코로
나가 정말 무서운 병이라며 자신은 코로나 중환자들의 운동
을 담당하는데 나중에는 기계를 달아서 산소를 100퍼센트
공급해도 산소 흡입이 안 되어 돌아가신다고 한다. 그러면서
숨쉬기 운동을 잘해서 숨을 깊게 쉬는 연습을 해야 한다고
덧붙였다.

서울대병원에서 만난 많은 의료진은 모두 전문인답게 최
선을 다하신다. 모든 것이 만족스럽다. 우리나라 최고의 병
원이라는 생각이 든다.

숨쉬기 운동을 배워서 지선이에게 가르쳤다. 운동신경이
발달되어 있는 지선이는 모든 자세를 잘 따라 했다. 그런데

지선이는 폐 섬유화로 인해 숨을 깊게 쉬지 못하고 있어서 더 숨이 차다. 숨쉬기 운동 중에 숨을 잘 못 쉬어서 미안하다고, 열심히 하는 엄마를 잘 따라 하지 못해 미안하다고 사과하기에 아니라고, 지선이는 잘하고 있다고 했다. 운동을 마치고 지쳐서 잠이 들었다.

그동안 나는 숨 쉬는 것을 의식한 적도 고마워한 적도 없다. 당연시했을 뿐이다. 숨쉬기를 어떻게 하느냐에 따라 장기가 튼튼해질 수 있다는 것도 몰랐다. 당연한 것들을 잃은 후에야 비로소 그 모든 것이 은혜였음을 깨닫는다. 그렇게 상실을 통해 우리는 깨어난다. 감사할 일이다.

나는 허다한 날들을 어떻게 하면 돈을 많이 벌 수 있을지 골몰했다. 사업 실패로 받았던 설움을 떨쳐내려면 어떻게든 성공해야겠다는 생각밖에 없었다. 부동산 투자, 주식 투자를 공부한다고 밥 먹는 시간도 잊어가며 일에만 몰두했다.

딸아이가 이렇게 깊은 병에 걸려서 힘들어하는 것도 모르고 미친 듯 살았던 날들이 심장을 도려내듯 아프다. 하나님의 소원에는 관심도 없고 내게 없는 것들에 집중하며 더, 더 가지려 살았던 날들이었다. 면목이 없다.

남편이 책을 사들고 왔다. 지선이가 좋아해서 우리도 덩달아 좋았다. 감사하다.

6월 25일

병원에 입원하고 처음으로 남편과 지선이, 나, 셋이서 함께 잤다. 남편은 어제에 이어 오늘도 악몽으로 잠을 설쳤다. 악몽으로 깰 때마다 기도를 했다. 나도 잠이 잘 안 오기는 마찬가지다.

오늘부터 지선이와 감사나눔을 해보자 했다. 시간 날 때마다 '하나님 감사합니다'를 노래하듯이 하면서 교회의 모든 분들 이름을 부르며 감사를 고백했다.

"하나님 감사합니다. 정주채 목사님 감사합니다, 김석홍 목사님 감사합니다, 배하주 목사님 감사합니다, 조성래 목사님 감사합니다, 이명숙 전도사님 감사합니다, 윤순덕 선생님 감사합니다, 장가익 선생님 감사합니다, 김영화 선생님 감사합니다, 이용철 선생님 감사합니다, 이창숙 선생님 감사합니다, 김봉정 선생님 감사합니다, 정은주 선생님 감사합니다, 김운기 선생님 감사합니다…."

또한 복지관 친구들과 어머니들과 선생님들과 모든 분들께도 소리내어 감사를 말하고 연이어 '사랑합니다' '축복합니다' 했다.

그 뒤로 신기하게도 지선이 얼굴이 달라 보였다. 이산화탄소가 쌓여서 자꾸 눈을 감고 발음이 술 취한 사람처럼 부

정확하고 얼굴이 부어 있었는데, 얼굴이 밝아지더니 아기 때 얼굴로 돌아간 것이다. 얼른 사진을 찍었다.

피검사 결과가 나왔는데 이산화탄소가 거의 다 빠져서 정신이 맑아지고 발음도 정확해졌다. 감사한 일이었다. 감사가 생명을 역동시키고 믿음의 역사를 이뤄간다는 것을 느끼는 시간이었다. 지선이는 아빠가 사다준 책을 다 보고 나서 침대에 전시하듯 늘어놓고는 집에 있는 《빨강 머리 앤》을 갖다달라고 한다. 집에 있는 주영이에게 노트북과 아빠 트레이닝 바지와 지선이 책을 부탁했다.

지선이는 잠이 들고 주치의가 우리를 불러 지선이 상태에 대해서 설명했다. 병명은 폐동맥고혈압으로 전에 조혈모세포 이식했던 것이 장기를 공격했는데, 위나 간을 공격하면 그 부위를 절제하고 신장을 공격하면 수술하면 되는데 지선이의 경우는 폐를 공격해서 폐 이식을 해야 한다는 것이다. 그러면서 지선이 크기의 폐를 만나기도 어렵고 이식을 한다 해도 이겨낼 수 있는 체력이 안 되어 걱정이라고 했다.

이렇게 계속 나빠지면 산소포화도도 떨어지고 쇼크가 올텐데 그럴 경우 심폐소생술을 하고 기계를 달아서 중환자실로 옮기겠냐고 묻는다. 그러면서 주치의 선생님은 지선이가

지선아   고마워

중환자실에서 외롭고 힘들어하면서 기계로 연명하는 것보다 그냥 편하게 보내주는 것이 낫지 않겠냐고 조심스럽게 말했다. 문득 지선이가 중환자실에서 나오는 날 나를 보자마자 중환자실 무섭다며 절대 안 갈 거라고 한 말이 생각났다. 우리 부부는 이견 없이 우리 생각도 그렇다고 했다.

마음이 한없이 가라앉았다. 이틀 동안 잠을 제대로 못 잔 남편에게 눈 좀 붙이라 했다. 나는 지선이 산소호흡기 수치가 떨어질 때마다 산소량을 올려놓고 회복되면 내려주면서 밤새도록 지켜보고 있었다. 그런데 수치가 잘 올라가지 않는다.

아침에 지선이가 일어났을 때 "지선아, 숨을 길게 쉬어야 중환자실 안 가지" 하며 으르듯 말했다. 남편이 자기가 지켜볼 테니 이제 좀 자라고 한다. 나는 잠을 잘 수가 없어서 앉아서 기도했다. '주님의 뜻이라면 주님께 맡기고 따르겠습니다' 하는 기도를 나도 모르게 하고 있었다. 지선이는 "아빠, 내가 숨을 길게 못 쉬어서 미안해" 하며 사과한다. 억장이 무너진다.

6월 26일

주치의가 와서 밤새 잘 잤는지 묻는다. 수치가 자꾸 떨어져 밤새도록 올렸다 내렸다 반복했다고 했더니 진통제를 처방했다. 주사 들어가는 내내 지선이는 배가 아프다고 한다. 아침식사가 왔다. 지선이가 대변을 보겠다고 했다. 대변을 보고 씻겼는데 또 대변을 보겠다고 한다. 또 많은 양의 대변을 보고 씻긴 후 식사를 하자고 하는데 안 먹겠다고 한다.

처음으로 강경하게 안 먹겠다고 버틴다. "지선아, 이걸 먹어야 약을 먹을 수가 있어. 그러니까 먹어보자"했더니 착한 지선이는 받아먹는다. 밥을 먹이고 이를 닦고 세수를 하고 10분에 한 가지씩 약을 먹였다. 여덟 개의 약 중에서 네 개를 먹이고 아빠와 숨쉬기 운동과 코어 운동을 잘해서 박수를 쳐주며 칭찬했다.

오전 10시쯤, 아빠가 좀 쉬었다 하자며 의자에 앉자마자 지선이가 옆으로 돌아누우며 힘들어하더니 온몸에 식은땀이 흘렀다.

"엄마, 선화 이모는 어디 있어? 오고 있어?"한마디를 하더니 쇼크가 오고 갑자기 온몸이 차가워져 간호사를 불렀다. CPR팀이 순식간에 들어오고 심폐소생술을 할 거냐고 묻는다. 우리는 금방 운동도 잘했던 딸을 이렇게 어이없게 보낼 수 없어서 빨리 해달라고 재촉했다.

결국 숨이 다시 돌아오긴 했으나 의료진이 와서 기계를 달

것인지 묻는다. 그때 남편이 울면서 나를 부른다. 지선이 혼자서 중환자실로 보내는 건 지선이가 너무 힘들어서 안 된다고, 이제 지선이를 편하게 보내주자고 한다. 정적이 흘렀다. 얼마의 시간이 흘렀을까.

우리는 지선이를 보내주기로 했다. 이렇게 떠나려고 어제 그 많은 사람들 이름을 불러가며 이천 번 이상 감사를 했나 보다. 그렇게 지선이는 예수님 곁으로 갔다.

지선이는 자고 있는 것 같다. 떠났다는 게 믿어지지 않았다. 얼굴과 몸을 닦아서 반듯하게 누인 지선이에게 마지막 인사를 나눴다.

"지선아, 미안해. 정말 미안해. 엄마가 너에게 용서를 구할 수가 없었어. 너무 미안해서…. 너는 엄마아빠의 소중한 보석이고 축복이었어. 사랑해. 그리고 고마워. 지선아, 예수님 곁에서 잘 지내. 천국에서 다시 만나자. 안녕…."

주승이 주영이도 누나에게 인사를 했다.

"누나, 그동안 우리를 사랑해줘서 고마워. 그런데 우리는 누나에게 잘하지 못해서 미안해. 누나, 잘 가. 그리고 누나, 사랑해."

장례식장은 남편과 인연이 있는 용인 다보스병원으로 했

다. 다보스병원 양성범 이사장님께 전화를 했더니 바로 앰뷸런스가 도착했다. 서울대병원에서 병원비를 정산해야 갈 수 있는데, 보이스피싱까지 당했으니 병원비가 없어 난감한 상황이었다. 때마침 이용철 장로님이 전화를 하셨는데 첫마디가 "제가 뭘 도와드릴 게 있을까요?"였다. 남편은 병원비가 필요한데 월요일에 돈이 나와서 방법이 없다고 하니 "그럼 먼저 병원으로 송금하겠습니다" 하신다.

남편이 통화를 끊고 나서 장로님이 도와줄 게 있는지 먼저 묻지 않으셨다면 돈이 필요하다는 얘기를 못 꺼냈을 거라고 한다. 지선이와 살면서 하나님의 도우심과 인도하심으로 지내온 것을 부인할 수 없다. 섬세하게 모든 과정 가운데 함께하셨다. 은혜 그 자체였다.

사망진단서를 받아 퇴원수속을 어떻게 했는지 모르겠다. 지선이의 남은 짐들을 대충 싸서 앰뷸런스를 탔다. 흰 천으로 온몸이 싸인 지선이를 태우고 장례식장을 향해 간다.

마지막 병원 오는 길에 지선이는 내내 눈물을 흘렸다. 이미 가야 할 때가 언제인가를 알고 있었던 걸까? 서른 살 청춘이 꽃답게 죽었다. 내 영혼은 한없이 슬프지만 나는 과연 이 엄청난 결별로 샘터에 물이 고이듯 성숙해질까? 남편은 울고만 있는 나를 다독거린다. 지선이를 다시 볼 수도, 목소리를 들을 수도 없다는 게 믿어지지 않는다.

어느새 집에 도착했다. 나는 내리고 지선이를 태운 앰뷸런스는 다보스병원으로 갔다. 나는 지선이 사진과 장례식에 필요한 물건들을 챙겨서 두 아들과 다보스병원으로 향했다. 병원에는 아버지학교 형제님들이 벌써 여러 분 와 계셨다. 남편은 이제 지선이를 잘 보내고 조문객을 맞아야 하니 금식을 중단하고 식사부터 하라고 했다. 하던 금식을 중단하고 식사부터 했다. 조문객들은 무슨 엄마가 딸아이가 죽었는데 저렇게 밥을 먹을 수 있을까 했을 것 같다. 하지만 오랫동안 금식을 해서 조문객을 대하기 어려울 것 같아 억지로라도 먹어야 했다.

가장 먼저 준형이 부모님이 오셨다. 복지관에 같이 다녔던 준형이는 3년 전에 하늘나라로 갔다. 장례식에 관해 이런저런 이야기를 해주었다. 준형이는 수의를 평상복으로 했다고 한다. 지선이도 지선이가 평소 좋아했던 하얀 드레스와 화관으로 수의를 입혔다. 천사 같은 모습으로 인사를 할 수 있어서 좋았다. 첫날인데도 많은 분들이 오셔서 애도하며 위로해 주셨다.

두 아들은 우리가 잠든 사이 누나 영정을 지키며 한없이

울었다고 한다. 누나로 인해 힘들고 아팠을 테고 사랑하면서
도 괴로웠을 것이다. 누나가 가엽고 짠했을 테고 누나 때문
에 울기도 하고 웃기도 하며 행복하기도 했을 동생들에게도
누나에게 더 잘해주지 못한 회한이 왜 없었겠는가? 두 아들
의 눈물이 내 마음을 찡하게 했다.

6월 27일

주일이다. 일찍부터 조문객들이 오셨다. 하루 동안 300여
명의 조문객이 오셔서 지선이를 애도했다. 지선이 유치원 선
생님, 초등학교 선생님, 교회 사랑부 선생님들, 복지관 선생
님들과 교회 청년들과 집사님들, 권사님들, 장로님들, 원로목
사님부터 담임목사님, 남편의 지인 목사님들이 다녀가셨다.
특히 남편의 세수회 모임 장로님·집사님·권사님들은 3일
내내 오셔서 도와주셨다.

다녀가신 목사님들께서 많은 장례식을 다녀봤지만 이렇
게 은혜로운 장례식은 몇 안 된다며 마치 천국잔치 같다고
하셨다. 지선이가 누구기에 이런 장례식을 보게 하는지 관심
있게 묻는 분들도 계셨다. 오신 분들의 은혜로운 예배와 천
국잔치 같은 분위기를 잊지 못할 것 같다고도 했다. 어떤 분
은 재벌 회장의 장례식이 이처럼 아름답겠냐며 장례식에 와

서 많은 은혜를 받고 가는 건 처음이라고 하신다.

또한 장례식에서 우리가 미처 몰랐던 지선이의 모습을 들을 수 있었다. 한결같이 지선이에게 사랑만 받았다고 얘기했다. 아직 갚지도 못했는데 어떡하냐며 다른 장애를 가진 사람들에게 갚으면서 살겠다고도 했다.

주승이와 주영이는 장례를 치르면서 많은 생각이 들었다고 했다. 도대체 누나가 어떻게 살았기에 한결같이 누나에게 사랑을 받았다고만 할까? 누나가 하루 종일 함께 지낸 학교 선생님들, 복지관 선생님들의 얘기는 더욱 마음에 와닿았다고 했다. 그분들은 지선이를 행복전도사, 해피바이러스라고 하면서 지선이가 가는 곳마다 웃음과 기쁨이 피어나고 한결같은 사랑으로 섬기는 삶을 보여주었다고 했다.

두 아들은 누나의 알지 못했던 새로운 모습을 알게 되어 감사하고 우리 가족에게 누나는 보석이고 축복임을 알았다고 했다. 더욱 감사한 것은 예배드릴 때 목사님 말씀에 은혜를 받았고 천국 소망을 갖게 되었다고 했다. 또한 교회 공동체가 사랑의 공동체라는 걸 알게 되어 감사하다고 했다.

지선이는 마지막까지 우리 가족에게 큰 선물을 주고 갔다.

6월 28일

오늘은 장지로 떠나는 날이다. 새벽부터 일어나서 물건을 정리하고 목사님, 교회 성도님들과 함께 예배를 드리고 용인 평온의 숲으로 갔다. 하관예배를 드릴 때 지선이가 지금 저 관 속이 아닌 천국에서 우리를 보고 있다고 느껴졌다. 함께 한 분들도 같은 생각이었는지 누구도 소리 내어 우는 사람이 없었다. 다만 어린 자식을 먼저 보낸 죄 많은 에미라 딸에게 미안할 뿐이었다.

지선이를 임신하고 제대로 먹지도 못하고 일만 하느라 뱃속에서부터 고생을 시켰는데, 떠나는 날까지 장애와 아픔으로 살다 간 지선이가 너무 안쓰러웠다. '지선아, 내가 엄마여서 미안해. 태어날 때부터 떠나는 순간까지도 엄마가 제대로 돌보지 못해 미안해. 지선아, 이제 천국에서 행복하고 기쁘게 지내. 사랑해.'

마지막 작별 인사를 했다. 함께 위로하고 애도해준 분들께 감사를 전하고 우리 가족도 지선이처럼 그렇게 사랑하며 살아야겠다고 생각했다.

6월 30일

보이스피싱을 신고하러 은행, 경찰서, 주민센터, 휴대폰대

리점으로 이리저리 운전하고 다녔다. 경찰서에 가서 이런 상황에서 이렇게까지 한 사람들을 그냥 놔둬서는 안 된다고 꼭 잡아야 한다고 했는데 잡을 수가 없단다. 내가 그들의 미끼가 되겠다고 해도 방법이 없단다. 내가 보기엔 잡을 생각이 없는 건 아닐까 싶었다.

보이스피싱으로 수많은 사람들이 피해를 입고 고통을 당하는데도 방법을 못 찾고 포기하는 듯한 상황이 좀 이해하기 힘들었다. 그 많은 사람들이 범죄집단에게 고통을 당하고 있는데 방법이 없다니….

터덜터덜 집으로 왔는데 싱싱한 화초들이 눈에 들어온다. 병원에 가기 직전 아픈 배를 움켜쥐면서도 화초들 목마르니 물을 주고 가자고 한 지선이가 생각났다. 지선이 없는 집에서 나는 이토록 마음이 캄캄한데 햇살 아래 생생한 화초들이 낯설게 느껴졌다.

7월 1일

오늘은 친정어머니 기일이다. 가족들과 아침 일찍 추도예배를 드린 후 남편이 마음이 답답하니 바다를 보고 오자고 하여 둘이 무작정 떠났다. 바람을 맞으며 달렸다. 강릉 바다에 도착했다. 아픔과 괴로움, 슬픔을 바다에 다 던져버리고 싶었다.

마음만 그렇지 여행을 와서 보니 지선이의 빈자리가 더 커 보일 뿐이었다. 왜 진작 지선이와 이런 곳에 오지 못했을까 하는 후회가 더 크게 다가왔다. 맛있는 음식을 먹어도 지선이 생각뿐이다.

남편이 둘이 드라이브하면서 얘기를 하자고 한다. 아름다운 길을 감상하면서 우리는 사는 방식을 바꿀 필요가 있다는데 서로 동의했다. 우리가 그동안 너무 잘못 살았다는 생각이 든다고 했다.

나는 이번에 지선이를 보내면서 남편에게 많은 불만이 쌓였다. 남편은 오직 일에만 몰두하고 사느라 딸아이가 아프든 말든 상관없어 보였다. 미운 마음에 이혼을 생각했을 정도였다. 10년 전 사업이 망하고 엄마가 돌아가시고 여동생이 위독하고 지선이가 조혈모세포 이식으로 쇼크가 왔을 때도 굳건히 이겨냈다. 이번에는 내가 너무 힘들어 숨이 안 쉬어지고 눈물만 나고 두려움과 무서움에 몸이 떨린다고 그토록 말을 했건만 자기 일만 하는 남편은 이제 필요 없다고 했다.

여러 가지 얘기를 하면서 숙소로 돌아오는 길에 호주에서 뜻밖의 선물이 왔다. 호주 시드니에서 유학 중이던 자매 한 분이 자기 사정도 어려운데 감사나눔으로 큰 금액을 조의금으로 보내왔다. 크나큰 감동이었다. 기쁘고 감사한 마음으로, 우리도 정말 의미 있게 사용되기를 원해서 호주 교회에 헌금을 했다. 그곳의 영혼 구원하는 일에 조의금을 보태면 의미 있을 것 같았다. 감사나눔의 열매였다. 마음이 좀 풀려서 저녁부터는 좋은 시간을 보냈다. 감사하다.

7월 2일

아침 일찍부터 남편과 바다에 나가 산책을 했다. 두 시간을 걸으면서 대화를 했다. 서로의 바람을 얘기하며 서로에게 미안함을 갖게 되었다.

아침을 밖에서 먹기 위해 일찍 호텔을 나와 식사를 하고 오대산으로 갔다. 오랜만에 산사를 천천히 돌아보며 깨달았다. 모든 일에 주인 되신 하나님이 우리와 함께하시며 위로하고 계심을. 지선이가 아파할 일을 하면 안 된다고 생각하며 이 고비를 잘 넘어야 할 텐데 너무 잘하려 하기보다는 지금 이대로 한걸음씩 나아가보자 했다.

산속을 천천히 걸으면서 마음을 토닥토닥했다. 지금의 곤경이 아름다운 풍경이 되도록 힘써야 할 일이다. 곤경은 갇힌 언어요, 풍경은 현장 언어다. 갇혀 있을 때 밖으로 나가면 새로움을 경험한다. 바람이 위로해주고 따사로운 햇살 아래 나무와 풀잎들이 환영해준다. 밖에서 느끼는 생각이 통찰로 이어지고 이성의 사유가 일어나게 한다.

결혼하고 처음으로 둘만의 여행을 통해 서로의 얘기에 귀기울이는 감사한 시간이었다.

7월 4일

주일예배 후 가족들과 함께 평온의 숲에 다녀왔다. 지선이는 주님과 함께 행복하겠지만 떠나보낸 우리는 아직 힘들고 보고 싶다. 영정사진 앞에 보고 싶다, 사랑한다, 고맙다 등의 글 중에 '보고 싶다'는 글귀가 제일 크게 보인다. 이곳을 찾는 이들이 가장 하고 싶은 말은 '보고 싶다'겠다. 이제 일주일이 지났는데 너무 보고 싶다.

돌아오는 길에 롯데마트에 갔다. 들어서는 순간 눈물이 왈칵 쏟아졌다. 지선이가 좋아해서 늘 가자고 하던 곳인데 지선이 없이 오는 건 처음인 것 같다. 지선이가 좋아하는 코너로 갔다. 다시는 못 올 것 같았다. 마음이 찢어질 것 같다. 얼른 장을 본 뒤 집으로 왔다.

7월 8일

남편과 함께 김석홍 목사님을 찾아뵈었다. 지선이가 살았

지선아   고마워

을 때나 떠날 때도 가장 많이 애써주셔서 인사차 뵈러간 것이다. 지선이 살아생전의 모습과 이번에 떠나는 과정을 지켜보면서 은혜와 감사가 컸다 하시며, 그런 이야기를 책으로 엮어보면 어떻겠냐고 말씀하셨다.

생각해보니 지선이가 병원에 있는 동안 나에게 다섯 가지 큰 울림이 있었다. 그때마다 잊지 않으려고 병상일기로 조금씩 기록해왔다. 우리 부부는 함께 생각하고 기도한 후 지선이의 삶을 활자로 남겨야겠다고 결정했다.

병원에 있을 때 강하게 다가온 첫째 울림은 성경의 지혜로운 다섯 처녀와 어리석은 다섯 처녀 이야기였다. 두고두고 후회할 일이 없도록 늘 준비하는 삶을 살아야 한다는 것이었다. 둘째는 정직하게 살아야 한다는 것이었다. 셋째는 사람을 살리는 화평자로 살라는 것이었다. 넷째는 주인에게 먼저 물어보는 충성된 청지기가 되라는 것이었다. 다섯째는 햇빛, 공기, 숨쉬기 등 일상에 주어진 것들에 늘 감사하는 삶을 살라는 것이었다.

7월 10일

시아버님 생신이라 식구들이 시댁에 모였다. 지선이가 입원하기 일주일 전에 시댁이 이사를 해서 집들이를 했었다.

지선이와 둘이 시댁 가던 일이 생각났다. 똑같은 길을 지선이 없이 가려니 가는 내내 눈물이 났다. 이렇게 날마다 아프고 미어지고 쓰리고 괴로우면 어떻게 살 수 있을까 싶다.

시댁에 도착해 지선이가 앉았던 자리를 만져본다. 힘들어하면서도 말 한마디 없이 순종했던 지선이가 보이는 듯하다. 그것이 지선이의 마지막 나들이였다.

아버님 생신을 축하하는 자리니 지선이 얘기는 꺼내지도 못하고 다들 아버님을 즐겁게 해드리려고 애쓰는데 나만 외딴 섬이다. 자식을 먼저 보낸 죄인이라 부모님께도 불효자다.

웃는 자리가 아직은 낯설고 어색하다.

7월 12일

지선이를 보내고 집에만 있다보니 우울증이 생겼다. 종일 울기만 하니 집 밖으로 나가야겠다고 생각했다. 뭘 해야 할까? 생각하다가 지선이가 끝까지 미래 언니를 걱정하면서 떠난 것이 생각났다. 미래의 활동지원사를 계속해야겠다는 생각이 들었다. 미래 엄마도 미래를 잘 챙길 수 있는 사람을 찾고 있었다.

미래의 활동지원사로 집 밖으로 나오니 한결 좋아졌다. 미래와 지선이는 단짝이었기 때문에 미래를 보면 자연스럽게

지선아   고마워

지선이가 중첩된다. 미래를 통해서라도 지선이를 생각할 수 있는 것이 나로서는 다행이고 감사하다.

지선이 방엔 지선이가 너무나 소중히 모아온 책들이 예쁘게 꽂혀 있다. 하나하나 꺼내보는데 지선이 수첩에 복지관 선생님들과 친구들에게 보고 싶다고 쓴 짧은 편지가 눈에 띄었다. 이렇게나 보고 싶었구나.

몸 상태를 본인이 잘 알고 힘들었을 텐데 병원에 가자는 얘기는 왜 진작 안 했을까? 생각해보니 지선이가 "엄마, 지선이 치과 안 가요?" 물은 적이 있다. 나는 그 말에 "응, 치과 선생님께서 지선이 이가 좀 더 힘들어지면 오라고 했어"라고 답했었다. 그 말이 서울대병원에 가자는 얘기였을까. 그럴 수도 있겠다 싶어서 내가 바보였구나 하는 생각에 나 자신이 미워졌다.

가슴에 큰 구멍이 나서 바람만 휭휭 불어대는 것 같다. 알맹이는 다 빠지고 껍데기만 있는 것 같다.

지선이는 우리 집 보물이었다. 보화였다. 남편과 아들들은 밤 12시가 되어야 들어온다. 나는 지선이와 단 둘이 있을 때가 많았다. 지선이는 종종 막춤을 추기도 하고 개그를 해서 웃음이 빵빵 터지게 했다. 지선이가 어디서든 사람을 웃게 하는 센스가 넘쳤다.

교회 선생님들께서 하신 말씀이 생각난다. 지선이가 사랑부에 가면 사랑부가 웃음꽃이 피고, 중등부에 가면 중등부가, 청년부에 가면 청년부가, 목장에 가면 목장이 웃음꽃이 핀다고 했다.

얼마 전에 복지관 선생님들도 똑같은 얘기를 해주셨다. 지선이는 복지관에서 웃음 전도사란다. 가는 곳마다 웃음바다가 된다고 했다. 지선이는 웃지 않는 사람을 보면 힘들어했다. 그러면서 지선이에게 무슨 걱정이 있냐고 물었다. 그런데 어느 날 지선이 얼굴에 아무 표정이 없었다. 그것이 죽음을 암시하는 것 같아서 무서웠던 것이다.

이제는 지선이가 없으니 집안이 적막강산이다. 가끔은 예수님이 우리 집에 오셨다가 내가 잘 대접하지 못해서 오래지 않아 떠나셨나 하는 생각이 들 때도 있다. 지선이는 우리 가정에 여린 순 같은 모습으로 와서 행복만 주고 떠난 작은 예수였다.

7월 23일

지선이를 보내고 공황장애가 왔다. 아니, 병원에 있을 때 이미 공황장애가 왔는데 그땐 나를 신경쓸 겨를이 없었다. 가슴에서 불이 나는 듯해 한의원에 갔더니 화병이 난 것 같다고 한다. 약을 먹어도 가슴이 타는 느낌이라고 하니 날씨가 더워서 더 그럴 수 있으니 휴가를 내서 피서를 다녀올 것을 권했다.

　다른 병원에 가니 트라우마로 보인다며 3개월 정도 약을 처방해준다. 날씨가 더워서 더 그런가 싶은데 새로 산 에어컨까지 안 되니 가슴에서 불이 난다. 이래저래 나 자신이 싫고 미워진다. 매일 이러면 어떻게 살아야 할지 모르겠다.

8월 1일

　오늘은 내 생일이다. 남편이 처음으로 미역국을 끓여서 축하해주었다.

　어젯밤 올림픽 축구대표팀이 멕시코에 6:3으로 졌다. 비난과 야유가 여러 지면과 SNS를 도배했다. 감독은 본인 잘못이라고 했지만 비난은 그칠 줄 몰랐다.

　누구나 실수나 잘못을 한다. 실수에 대한 수용과 인정이 건강한 인격체다. 응원은 이기라는 뜻과 졌을 때도 그럴 수 있으니 힘내라는 의미가 내포되어 있다고 남편이 말했다.

　남편은 오늘 생일 선물로 이제는 나 자신을 용서하라고 한다. 다른 사람의 잘못은 용서할 수 있었는데 나 자신은 잘 용서가 안 된다. 지선이를 이제는 볼 수도 없고 용서를 구할 수도 없어서 나는 내가 용서가 안 된다고 했다.

지선이는 엄마가 이렇게 하기를 원하지 않을 거라며 남편
은 나를 설득했다. 그렇다. 스스로 용서가 안 된다 해도 지선
이의 뜻을 잊지 않고 똑바로 살아야 한다.

8월 23일

지선이 이야기를 쓰기 위해 김지수 선생님을 만났다. 복지
관에서 지선이와 지냈던 얘기들을 듣기 위해서다. 점심을 먹
고 카페에 갔는데 선생님의 남편이 미리 와서 기다리고 있었
다. 고마웠다. 참 예쁜 선남선녀다. 많은 얘기들을 들으면서
나는 몇 번이나 손수건을 적셨다. 이런 선생님과 함께여서
행복하게 지냈고 지선이의 삶이 빛날 수 있었던 것 같다.

코로나로 인해 직전 1년은 아무 곳도 못 다니고 집에서만
외롭게 보냈을 지선이. 선생님과 친구들을 많이 그리워했던
지선이. 떠나기 전날 자신이 알고 있는 모든 분들께 '감사합
니다'라고 인사했던 지선이. 마지막까지 사람을 그리워하고
사랑하고 아낌없이 축복한 지선이. 죽음 앞에서도 감사하고
자신에게 있는 것 몽땅 나누고 떠난 지선이….

8월 26일

가족들과 함께 통영에 왔다. 주승이가 동생도 군대 가면 한동안 함께 시간 보내기 어려울 것 같다며 모든 일정과 장소를 준비해줬다. 고마운 선물이다. 바로 앞이 바다인 데다 복층으로 된 숙소가 맘에 들었다. 해변을 걸으며 마음을 다독였다.

오늘은 동피랑과 중앙시장에서 생선회와 조개구이를 먹고 이순신공원, 장사도해수욕장을 다녀왔다. 저녁은 바비큐를 준비해 먹었다. 누나에 대해 지금은 애도 기간이니 눈물 나면 울고 그리우면 그리운 대로 함께했던 추억들을 생각하는 것이 당연한 거라고 서로 얘기했다.

여행 사흘째다. 해금강을 다시 볼 수 있어서 좋았다. 아름다운 섬 외도를 걸으면서 지선이를 생각한다. 좋은 곳에 와도, 맛있는 걸 먹어도, 예쁜 옷을 봐도 지선이가 없는 곳이 없다. 장애가 있어서 생물학적 나이는 서른이어도 유독 나와 붙어 있었다. 충분히 아파해야 한다고 생각한다. 마지막 날까지 주승이의 배려로 좋은 여행이 되었다.

지선이를 보내면서 표현 못한 슬픔과 아픔들을 여행을 통해 가족 모두 많이 나눴다. 잔잔한 힐링의 시간이었다. 돌아오는 길은 산에 걸려 있는 구름이 동행해줘 덜 외롭고 덜 지루했다. 구름에게 지선이의 안부를 묻는다.

• 지선이에게 나누는 감사일기

1. 엄마가 슬픔과 우울증을 이겨보려고 늘 감사하는 삶을 해보기로 했어. 이제 미안함보다 감사함으로 살아보려구. 지선아, 고마워.

2. 엄마가 사는 날 동안 너에게 매일 감사일기를 써볼 생각이야. 지선아, 우리 가족이 너처럼 세상을 아름답게 바라보고 모든 이들을 사랑하며 살아야겠다는 마음을 갖게 해줘 감사해.

3. 오늘부터 새롭게 작정 기도를 할 수 있어서 감사해. 21일 금식하며 기도하던 중에 너를 보내고 중단됐는데 이번에는 끝까지 해보려구. 천국에 있는 너를 생각하며 잘 해볼게.

4. 오늘은 젊은 30대의 사랑 이야기를 다룬 영상을 봤어. 지선이는 그런 사랑을 못 하고 떠났지만, 많은 분들의 사랑을 받고 많은 분들에게 사랑을 주고 가서 감사해. 지금은 주님께 많은 사랑을 받고 있을 거라 믿어.

5. 오늘은 지선이를 위해 애써주신 목사님과 지선이를 아꼈던 분들, 사랑해주시고 너를 위해서 기도해주신 분들

지선아　　고마워

에게 감사 인사를 드렸어. 너처럼 계속해서 감사와 사랑을 표현하면서 살려고 해.

6. 엄마가 왼쪽 팔이 자꾸만 저리고 마비 증상이 있었는데 치유은사가 있는 목사님이 몸을 풀어주셨어. 팔이 전보다 좋아져서 감사해. 어디가 아픈지 느낄 수 있는 것도 감사야.

7. 지선이가 좋아했던 이모들을 만나 수다로 즐거운 시간을 보낼 수 있어서 감사한 날이었어. 너를 보내는 과정에 함께해준 고마움을 인사할 수 있어서 감사했어.

8. 오늘은 지선이 보험 서류 때문에 서울대병원에 가서 호흡기내과 박지명 선생님을 만났어. 지선이가 삐뚤빼뚤한 글씨로 '감사합니다'라고 썼던, 3월에 출간한 아빠 책을 선물로 드렸어. 지선이를 잘 치료해주셔서 감사하다고 인사를 드리고 왔어.

9. 너를 보내고 나니 하늘나라에 대해 좀 더 많은 생각을 하게 된다. 하나님께 부끄럽지 않으려면 어떻게 살아야 할까? 너를 보내고 하늘나라와 이 땅의 삶에 대해 더 심오하게 생각하게 됐어. 고마워.

10. 오늘은 지선이 방을 정리했어. 너는 옷으로 멋내기를 좋아했지. 아직 상표도 뜯지 않은 새 옷들도 있어서 일

부는 '아름다운가게'로 보내고, 네가 좋아해서 가장 많이 입었던 한 벌만 남겼어. 옷을 코에 대보니 섬유유연제 향과 함께 지선이 냄새가 아직 남아 있어서 감사했어.

11. 오늘은 엄마가 지선이 생각을 했는데 울지 않았어. 너를 생각하면서 행복하고 좋은 기억들만 기억하며 살도록 노력해볼게. 지선아, 엄마 오늘 잘했지?

12. 아는 목사님께서 바람 쐬러 가자고 하셔서 기흥 호수공원에 갔어. 오랜만에 걸으면서 마음이 시원해져 감사했어. 산책을 하다보니 미래 엄마, 미래, 지선이와 산책하던 때가 떠오르더라. 행복한 때를 추억할 수 있어 감사했어.

13. 언젠가 너는 걸으면서 무척 힘들어했는데 엄마는 네가 운동이 힘들어 그런 줄로만 생각하고 병원에 데리고 가지 않은 것이 후회스러워 마음이 너무 아프더구나. 생각할수록 미안하구나.

14. 추석이라 할머니 댁에 가면서 가족들과 네 얘기를 했단다. 지선아, 그곳은 어때? 아프지 않고 너의 모습 그대로 인정해주는 따뜻한 곳이지? 꿈에서라도 너를 보고 싶다.

지선아   고마워

15. 오늘은 네 방에서 어렸을 때 사진을 발견하고 그 시절로 돌아가 잠시 행복한 시간을 가질 수 있어서 감사했어. 사진 속 네 모습은 조혈모세포 이식 전이라 피부도 뽀얗고 손도 발도 깨끗하고 건강해 보여서 유독 예뻐 보이더라.

16. 오늘은 리얼리티 프로그램을 보다가 엉엉 울었어. 한동안 울고 나서 지나간 시간에 대해 후회하지 말고 지금 여기를 잘 살아내자, 후회를 최소화하자 하는 생각과 다짐을 하며 감사했어.

17. 또 비가 온다. 병원에 있을 때 비가 오면 지선이 컨디션도 안 좋고 나도 공황장애 증상이 심해져서 그렇게 좋아하던 비 오는 날이 싫어졌다. 그런데 오늘 비는 지선이에 관한 기억들을 떠올릴 수 있어서 감사하다.

18. 지선이가 떠나고 삶이 무상하기만 하다. 하지만 이제는 내 힘이 아닌 온전히 주님의 힘으로 살아야 함을 느낀다. 순간이 영원이다. 지금을 밀도 있게 살아가야 함을 깨닫게 되어 감사하다.

19. 네가 떠난 지 100일, 네 친구가 놀러왔다. 네 방에서 미술용품을 갖고 놀다가 갖고 싶다 해서 주었더니 좋아한다. 지선아, 너의 물건이 누군가에게 선물로 흘러

가니 감사하다.

20. 오전 내내 네가 병원에 있을 때의 일들이 떠올라 눈물이 났다. 떠나는 순간까지도 너는 엄마 걱정을 했지. 고맙다, 지선아.

21. 서울에 왔는데 도로마다 "○○○ 좀 찾아주세요"라고 쓴 플래카드가 많이 보인다. 같은 부모로서 너무 안타까운 사연이다. 속히 찾을 수 있기를 기도했다. 지선이가 세 살 때, 엄마가 시장에서 지선이를 5분 정도 놓친 적이 있었는데 그때 5분이 500분처럼 느껴졌다. 너를 찾았을 때 네 얼굴은 눈물로 범벅이 돼 있었지. 찾느라 애태운 마음은 잊어버리고 서로 부둥켜안고 기쁨의 눈물을 흘렸던 기억이 나서 감사했어.

22. 며칠 동안 컨디션이 안 좋았는데 오늘은 가뿐히 일어날 수 있어서 감사했어. 아침부터 지인들과 함께 한의원에 가서 진료를 받고 트라우마로 인한 약을 지을 수 있어서 감사했어.

23. 오늘은 엄마가 이런 말을 들었어. 마음이 아픈 건 상처가 눈에 보이지 않을 뿐이지 진짜 외상을 입은 거라고. 그래서 "당장 일어나 걸어야지. 왜 누워 있어?" 하면 안 되는 거라고. 버티고 있는 것만으로도 충분히 잘

하고 있다고. 누군가 그런 타박 없이 묵묵히 기다려준다면 치료될 수 있다고. 그런 날이 올까 싶었어. 그래도 그 말을 듣고 위로가 되어서 감사해.

24. 아빠와 함께 담임목사님을 만났어. 너의 삶과 죽음은 우리에게 많은 은혜를 끼쳤어. 어떻게 작고 왜소한 한 장애인의 길지 않은 생애가 감동을 넘어 경이로움을 주는지…. 목사님이 네 이야기를 책으로 써보라고 권면해주셔서 감사했어. 만약 책이 나올 수 있다면 우리에겐 큰 선물이 될 거야.

25. 뜻밖의 선물을 받았어. 호주 시드니에서 유학하는 자매님이 의미 있는 일에 써달라고 너의 조의금을 보내왔는데 정말 기쁘고 감사한 마음으로 호주에 있는 교회에 헌금했어. 너의 마음도 우리와 같았으리라 믿어.

26. 너를 보내고 집에만 있다보니 우울증이 와서 미래의 활동지원사를 하기로 했어. 가끔 미래를 데려다주다가 너와 함께했던 곳들이 보일 때면 울컥하지만 이렇게라도 하니 우울증이 사라지는 것 같아 감사해.

27. 지선이 초등학교 때 이숙향 선생님께서 너와의 추억들을 떠올리면서 사진을 발견하고 보내주셨어. 사진을 보며 그 시절로 돌아갈 수 있어서 감사했어. 그때의 너

는 역시나 행복전도사였다고 하는구나. 많은 친구들이 둘러앉아 너의 얘기를 듣고 있는 모습을 보며 네가 내 딸이어서 감사해.

28. 전에 촬영했던 영상을 봤는데, 네 모습이 너무 밝고 명랑하고 건강해 보여서 기분이 좋았어. 이때의 네 모습은 어쩌면 이렇게 예쁘니? 이런 네 모습을 볼 수 있어서 감사해.

29. 오늘은 주영이 생일이야. 엄마가 너에게 가느라 아침에 미역국을 못해줘서 저녁에 케이크과 생일상을 차려주었더니 "엄마, 올해는 누나 생일을 못 하네요" 하면서 슬퍼하더라. 엄마가 해마다 너의 생일을 기억할게.

30. 가족여행을 왔어. 주승이가 준비했는데 즐겁고 감사하게 보내려고 해. 너의 자리가 크게 느껴져 마음이 휑하지만 남은 가족들이 너를 애도하는 시간도 될 테니 잘 보내야겠지.

31. 오늘은 아빠 생일이야. 아빠는 금식기도 중이었는데 어머니가 고생하신 날이니 어머니께 효도해야 한다면서 낮에 할아버지 할머니께 맛있는 음식을 대접하고 오셨어. 아빠가 잘한 것 같아서 감사해.

32. 네가 떠나고 엄마는 천국 소망을 더 가지게 됐어. 너를

더 큰 기쁨으로 만나기 위해서도 하나님께서 기뻐하시는 삶을 살아가려 해. 깨어 준비하는 삶, 주인에게 물어보는 종으로서의 삶, 정직한 삶, 화평자의 삶, 일상의 작은 것에 감사하는 삶을 살려고 기도하고 있어. 지선아, 엄마를 이렇게 일깨워줘서 고마워.

33. 오늘은 문득 지선이가 마지막 순간에 선화 이모는 어디 있냐고, 지금 오고 있냐고 물었던 일이 생각났다. 왜 굳이 그 시간에, 몇 번 만나지도 않은 선화 이모를 찾았을까. 그때도 의아했는데 이제야 깨달았어. 입원 중에 누구에게 전화해줄까 물으면 너는 늘 선화 이모를 찾았지. 이제와 생각해보니 엄마가 힘들어할 때 선화 이모랑 자주 통화하면서 웃음을 터뜨리며 위로를 얻었다는 걸 누구보다 네가 곁에서 지켜봤던 거야. 그래서 엄마를 생각해서 가장 위로가 되고 힘이 되어줄 선화 이모를 찾았던 거였어. 임종 직전까지도 엄마를 걱정하고 배려한 네 마음을 이제라도 알게 되어 감사해. 엄마도 너를 따라 남을 먼저 배려하는 삶, 사랑하는 삶을 살도록 노력할게. 지선아 사랑해.

34. 광릉 수목원을 다녀왔다. 여동생을 만나 함께 수목원을 3시간여 산책했다. 지선이 어릴 적부터 돌봐주고 육

아를 도와준 동생이라 함께 지선이 얘기를 나누며 같은 마음으로 추억할 수 있어서 감사했다. 지선아, 이모는 네가 천국에서 행복하게 지낼 것이라 믿으며 새벽마다 감사기도를 드린다고 하더라. 그 말을 듣고 엄마도 감사한 마음이 들었어. 감사한 하루였어.

35. 네가 떠난 지 144일이 지난 오늘, 비로소 사망신고를 했다. 도저히 네가 떠났다는 것을 인정할수 없어서, 아직도 우리와 함께하고 있다는 생각이 들어서 차마 사망신고를 할 수 없었어. 그런데 아빠가 이제는 지선이를 천국에서 편히 지내게 해주자 하셔서 마음을 굳건히 먹고 사망신고를 하고 왔어. 마음이 너무 허전하고 쓸쓸하지만, 우리 모두 천국에서 다시 만날 소망이 있으니 감사해. 지선아, 다시 만날 때까지 매일 행복하고 기쁘게 잘 지내. 지선아 사랑해, 고마워.

지선아   고마워

제3부

·

벗들의 추억

나를 감싸주고 사랑을 가르쳐준 사람

- 처인 장애인복지관 김지수 사회복지사

2016년 9월, 나의 첫 직장에서 지선 씨를 처음 만났다. 모든 '처음'에는 늘 떨림이 있다. 설렘과 두려움이 공존하는.

　나의 오른손은 늘 호주머니에서 나올 줄 몰랐다. 꺼낼 수 없는 나의 속사정이 있어서다. 선천적으로 오른쪽 다섯 손가락이 없이 태어났다. 부모님은 이런 나를 비장애인과 동일하게 대해주셔서 불편을 모르다가 초등학교에 들어가면서 알았다. 왼손으로 글씨 쓰는 나를 아이들이 '애자(장애자) 새끼'라고 놀렸다. 놀림은 나를 점점 위축시켰고 열등감이 생기게 했다. 아물 새도 없는 상처 위에 소금이 뿌려졌다. 수치심이 심해져 자신감은 바닥에서 지하로 치달았다.

　물론 모든 사람이 그런 것은 아니었다. 내가 만난 대부분의 사람들은 장애를 조심스러워했고 상처 주지 않으려 노력했다. 친구들 역시 나를 배려해 아직까지도 손에 관해서는 아예 묻지도 않는다. 다행히 내 주변엔 좋은 사람이 많다. 정말 일부 소수에게 좋지 않은 말을 들었고 그럴 때 나는 상대와 싸우거나 사실을 정정하려고 했다. 돌이켜보면 직접적인 놀림보다 더 힘들었던 건 스스로의 자격지심이었지 싶다.

사회복지학과를 졸업하고 1년 동안 알바해 모은 돈으로 티베트 선교를 떠났다. 어떻게든 이 열등감을 극복하고 취업을 해야 할 것 같아서였다. 그렇게 기도하고 선교하며 하나님께도 자신감 있게 살고 싶다고 몸부림쳐 봤지만 나의 수치심과 두려움, 열등감은 쉽게 극복되지 않았다.

기흥 장애인복지관에 첫 출근을 하던 날, 나의 오른손은 여전히 주머니 속에서 떨고 있었고 왼손으로 모든 활동을 하고 있었다. 출근한 지 3일쯤 되었을까. A라는 자폐가 심한 아이가 자꾸 나의 오른손을 펴보라고 했다. 그때 내밀던 나의 손이 덜덜 떨리고 있었다. 이분들이 나를 어떻게 생각할까. "무슨 선생이 이래?" 하면 어떡하지? 두려움이 몰려왔다.

그때 지선 씨가 나타나 A를 나무랐다. 그 후 지선 씨는 내게서 시선을 떼지 않았다. 아니, 그 전부터 나를 보고 있었다. A는 나를 놀리려던 게 아니었다. 진심으로 궁금해서 그런 거라는 것을 나중에야 알았다. 그 후 5년 동안 A가 나에게 말을 건 적은 단 한 번도 없었다. 자폐가 심한 사람들은 다른

지선아   고마워

사람에게 관심이 없기 때문이다. 왜 그때만 갑작스레 나에게 관심이 생겼던 건지 지금도 의아하다.

그 일을 계기로 지선 씨와 나는 빠르게 친해졌다. 그런데 복지관에 나오는 어떤 '이용고객'(장애인)은 늘 나에게 이성의 관심을 끌려고 했다. 손을 깨물고 연필을 깨물면서 시선을 집중시켰다. 그럴 때마다 지선 씨가 나를 불러냈다.

"지수 쌤, 이리 와보지. 내 그림 좀 봐주지."

"지수 쌤, 화장실 좀 같이 가주지."

내 오른손은 다른 사람을 잡을 수가 없다. 이용고객의 손을 잡을 수도 없고 그분들도 나를 잡지 못한다. 손가락이 없어서 서로 놓치기 쉽기 때문이다. 그래서 나는 오른손으로는 팔짱을 끼는 편이다. 그런데 지선 씨는 항상 내 오른손을 잡고 움직였다. 캠핑 갈 때도, 야외에 나갈 때도, 문화 산책을 나갈 때도….

엄마는 내가 지선 씨와 찍은 사진을 보며 신기해하셨다.

"지선이는 참 신기하다. 너의 오른손을 살포시 감싸고 있잖니? 참 신기한 애다. 너를 정말 사랑하는 거 같아."

그렇게 지선 씨는 손가락 없는 나의 오른손을 감싸면서 감춰주기도 하며 늘 잘 잡아주었다.

지선 씨는 "이쁘다" "잘한다" "최고야"를 10분마다 얘기하는 것 같다. 나뿐 아니라 늘 누군가를 칭찬하고 지지하고 응원했다.

지선 씨와 지내면서 나의 열등감은 100퍼센트 극복되었다. 내가 뭘 하든 항상 변함없이 사랑해줬다. 내가 골나서 힘들 때나 짜증 낼 때도, 눈을 마주치지 않고 외면하고 있을 때도 그랬다. 지선 씨 말을 평소 자주 듣다보니 진짜 내가 이쁘고 최고라는 확신이 들었다. 이제는 누가 더 이쁘냐고 물어보는 당당함까지 생겼다.

지선 씨는 사람과의 관계를 참 중요하게 생각하는 사람이었다. 책을 좋아했고, 특히《빨강 머리 앤》을 정말 좋아했다. 사람들의 이름을 외우기 위해 몇 번씩 쓰기를 되풀이하며 노력했다. 호탕했고 호불호가 분명했으며 섬세했다. 작은 것도 그냥 넘어가지 않았다.

지적 능력은 떨어졌을지 몰라도 정서적 인지 능력은 일반 사람보다 훨씬 높다고 느꼈다. 사람을 잘 챙기고 물건도 소중히 대하며 나누는 것도 좋아했다. 서운함도 잘 느끼고 기쁨과 슬픔도 잘 느끼고, 표현 또한 확실하게 했다. 자신의 장애로 인해 열등감을 느끼지도 않았다. 그런 지선 씨가 내겐 너무 멋져 보였다.

문화체험 활동으로 롯데월드를 간 적이 있다. 지선 씨는 귀신, 깜깜한 것, 큰소리 나는 것을 무척이나 무서워했다. 내 팔을 붙잡고 덜덜 떨었던 모습이 기억이 난다.

어느 날 지선 씨와 육교를 걸어가는데 초등학생들이 욕을 하고 있었다. 어른들한테뿐 아니라 나한테도 욕을 했다.

"너희 무슨 초등학교야?"

내가 소리쳤더니 지선 씨가 무서워했다.

"아이, 왜 그러나? 화내지 말지."

큰소리 나는 것과 갈등이 생기는 것을 유독 싫어했다. 사람의 감정에 민감하니 속상할 때면 며칠이 지나도 "그때 왜 그랬어? 화내지 말지. 그때 무서웠어"라고 얘기한다.

모두 유쾌하게 웃는 모습, 다 함께 기쁘고 평화롭고 행복한 상황을 좋아했다. 그래서였을까. 지선 씨가 있는 곳은 늘 유쾌하고 즐겁고 행복했다.

복지관에서 어떤 선생님이 실물 크기의 아기 인형을 지선 씨에게 준 적이 있다. 지선 씨는 인형의 머리를 감겨주기도 하고 진짜 헤어드라이기로 머리를 말려주기도 했다. 자장가를 불러주며 인형을 다독이기도 했다. 진짜 아기 다루듯 했다. 아기를 특히 좋아했던 지선 씨는 인형을 달라고 해봐도 주지 않고 꼬옥 안고 있었다.

대화할 때는 일반적인 의사소통도 잘하고 상대의 안부를 잘 물었다. 자신의 기분과 상태도 잘 얘기하는 편이었다. 다른 사람의 속마음은 어찌 그리 잘 헤아리는지 독심술을 하는 건가 싶은 생각이 들 정도였다.

"지수 쌤, 어디 안 좋나? 누구랑 싸웠나? 얼굴이 왜 그러나?"

타인의 감정에 민감하고 상대의 마음에 신경을 쓰는 지선 씨는 말투가 좀 독특했다. 상대방의 나이나 지위고하를 막론하고 약간 할머니들이 쓰는 말투를 한다. 지선 씨 어머니께 여쭤보니 친할머니 말투와 똑같다고 하셨다.

복지관에서 혜윤이라는 친구가 도전적 행동을 많이 했다. 언어가 안 되니 몸으로 말하는 친구였다. 주로 사람들을 때렸는데 주 타깃이 지선 씨였다. 지선 씨가 기침을 자주 하는데 그 기침소리가 혜윤이를 자극하여 자꾸 지선 씨를 때리고 꼬집고 괴롭혔다. 그때마다 지선 씨는 도움도 구하지 못하고 무서워하며 얼어 있곤 했다. 많은 선생님들이 항상 혜윤이와 지선 씨를 예의주시할 정도였다.

어느 날 혜윤이 어머니도 옆에 있을 때 사진을 찍기 위해 혜윤이 옆에 지선 씨가 있었다. '엄마가 있으니 별일 없겠지? 엄마가 계시니 통제가 되겠지?' 하고 마음을 놓은 순간, 혜윤이가 지선 씨 머리채를 잡아당겼다. 두피가 약한 지선 씨 머리카락이 한 움큼 빠졌다. 놀라서 얼어붙었던 지선 씨가 한참 후에야 울기 시작했다. 혜윤이 어머니는 연신 사과를 했다. 지선 씨는 아픔보다도 너무 놀라 계속 울고만 있었다. 선생님들도 지선 씨에게 잠깐 방심했음을 사과했다. 얼마 후 상황이 수습되고 내가 물었다.

"지선 씨, 그래도 혜윤이 예쁘죠?"

"아니."

"에이 자세히 보셔요. 예쁠 거예요."

"그러네. 이뻐. 되게 이쁘네."

"그럼 혜윤이 머리를 쓰다듬으며 예쁘네 할 수 있어요?"

"응, 이쁘네. 혜윤이 귀여워."

지선 씨는 금세 혜윤이 머리를 쓰다듬으며 혜윤이를 용서해줬다. 내 말에 반응해주고 혜윤이를 곧바로 용서한 지선 씨가 정말 고마웠고 대단해 보였다. 그 뒤로도 지선 씨는 혜윤이를 보면 자주 "이쁘다" "귀엽다" 했다.

주기만 하고 용서만 하고 사랑만 하고 베풀기만 한 지선 씨. 새삼 지선 씨의 마음이 느껴져 나는 자꾸 눈물이 난다.

지선 씨에게 의외의 모습이 있었는데, 승부욕이 강하다는 점이었다. 승패가 달린 스포츠게임에서 특히 그랬다. 열정적으로 파이팅을 외치기도 하고 공을 조금이라도 더 잘 던져보려고 자세를 고쳐 앉기도 하는 모습이 우리 모두에게 게임을 더 즐길 수 있도록 동기를 부여했다.

기억에 남는 일은 '공 빨리 옮기기 게임'이었다. 첫 주자였던 지선 씨가 이를 악물고 뛰어 공 다섯 개를 쉬지 않고 옮겼다. 그리고 먼저 골인한 후 기뻐하는 모습에 큰 에너지를 받았던 기억이 난다. 작은 체구에서 나오는 큰 힘이 신기했다.

지선 씨는 원예 활동과 텃밭 활동도 무척 좋아했다. 특히 예쁜 꽃으로 작품을 만드는 원예 활동 때에는 기분이 정말 좋은지 수다우먼이 되었다. 물건을 원래 소중히 여기지만 원예작품은 더 소중히 챙겼다. 간식도 기꺼이 양보하는 지선 씨가 꽃에 대해서는 전혀 달랐다.

"오늘 만든 꽃 정말 예쁜데 저 주면 안 돼요?"

지선 씨에게 부탁하니 평소와 달리 단칼에 거절하면서 집으로 가져가겠다고 했다. '어머니가 좋아하시는 얼굴을 보고 싶어 꼭꼭 챙기나보다' 하는 생각이 들었다.

함께하는 동안 가끔은 서로 어긋날 때도 있었다. 주로 나의 행동이 지선 씨를 서운하게 한 경우였다. 지선 씨는 마음이 얼굴에 그대로 드러나기 때문에 언제부터 표정이 좋지 않았는지를 되짚어보면 이유를 찾기 쉬웠다. 아무리 생각해도 잘 모를 때는 직접 물어보곤 했다.

"지선 씨, 말로 표현해줄래요? 제가 ○○했던 것 때문에 그런 거예요?"

내 물음에 지선 씨는 서러움에 복받쳐 울었는데, 그럴 때면 눈물이 먼저 앞서는 나와 비슷하다는 생각을 했다.

"에잇, 지수 쌤이 잘못했네. 잘못했으니까 머리를 콩 때려야겠다."

그렇게 스스로 때리는 시늉을 하면 울던 것도 멈추고 급히 고개를 저으며 내 손을 막는다.

"죄송해요, 지선 씨. 하지만 지선 씨가 밥을 많이 남기면 속상해서 기분이 안 좋아요. 속상한 마음이 쌀쌀맞게 표현된 건 제가 잘못했어요."

내가 사과하면 항상 고개를 끄덕하는 것으로 답했다. 그리고 금세 마음을 추스르곤 자기도 미안하다고 말했다.

"지수 쌤, 미안해."

괜찮다고, 내가 더 죄송하다고 몇 번이고 말해도 다음 날 다시 사과하고 그다음 날 또 사과했다. 쉽게 지나갈 상황도 지선 씨는 곱씹으며 미안해했다. 때로는 언제인지 기억조차 없는 일을 두고도 "그때 미안했어" 하기도 했다.

내가 지선 씨에게 미안한 적이 훨씬 많을 텐데도 나는 금방 잊어버렸다. 지선 씨의 사과는, 쉽게 사과하고 쉽게 잊는 알량한 내 수준과는 깊이가 달랐다. 그게 참 미안했다.

거침없이 다가오는 사랑
– 처인 장애인복지관 한보라 사회복지사

2018년 봄, 복지관 프로그램으로 용인자연휴양림으로 힐링 산책을 떠났다. 데크에 앉아 그림 그리는 시간이 있었다. 선희와 준형이, 지선이는 산을 오르는 것이 힘들어 평지 산책을 한 후 앉아서 시간을 보냈다.

이용고객들은 서로 교류가 거의 없다. 소통이 되지 않기 때문이다. 그래서 서로 관심도 없다. 지선이는 선생님들과 소통도 되고 다른 친구들에게도 늘 관심이 많았다. 지선이의 소통능력이나 방식은 아주 준수한 편이다.

우리 넷은 앉아서 이야기를 하고 있었다. 이야기래 봐야 물으면 대답만 겨우 하는 정도였다. 지선이는 기분이 좋아서 얘기를 많이 했다. 유달리 그날은 서로 신나하고 늘 부정적이던 선희도 긍정적으로 대화를 이어가며 서로 즐거운 대화를 나눴다. 그날 그 모습이 지금 생각해봐도 신기하다. 소통이 어려운 사람들이 서로 즐거운 대화를 할 수 있었던 것은 오롯이 지선이 덕이었다. 날씨도 정말 좋았고 바람도 좋았다.

준형이는 뇌병변 장애로 언어표현이 어렵다. 그러나 말은 다 이해를 했다. 지선이보다 두 살 위인 준형이와 지선이는 어느 정도 통하는 면이 많았다. 준형이와 지선이는 적극적인 편이었다. 둘이 같이 있을 기회도 많았다. 어머니들끼리도 가까이 지내고 있었다. 나중에 안 사실이지만 어머니들끼리 준형이와 지선이의 장래를 약속했다고 한다. 그러나 2018년 준형이가 먼저 세상을 떠났다.

지선이는 적극적이고 활동적이었다. 보통은 한 가지 정도 활동을 하는데 지선이는 여러 방면에 관심도 많고 하고 싶은 것도 많았다. 다른 사람에게 관심도 많았고, 이쁘게 보이는 것, 꾸미는 것도 좋아했다. 이쁜 옷 입고 오면 칭찬받는 것도 좋아했다. 신경 써서 옷을 입고 온 날은 친구들에게 "나 이쁘나?" 하고 당당하게 묻기도 했다.

지선이는 손톱이 약해 자기 손톱에는 매니큐어를 못 발랐다. 자기는 못 하니 다른 사람 꾸며 주는 것으로 대리만족을 했다. 어느 날 손톱을 발라 주겠다는 대상이 하필 남자 선생님이었다. 그 선생님은 머리를 쥐는 시늉을 하며 손을 내밀었고, 지선이는 반짝이가 들어간 빨간색을 남자 선생님 손톱에 발라주었다. 그 선생님만 제외하고 지선이와 우리 모두는 무척이나 즐거워했다. 지선이도 너무 행복해 보여 사진으로 남겼던 기억이 난다.

지선이는 주어진 활동만 하는 데서 머물지 않고 스스로 하고 싶은 것을 찾아서 하는 적극성이 있었다. 지선이와 함께 하면 다양한 활동들이 주어진다. 지선이가 좋아하는 것은 꾸미기, 만들기 등이었다. 스포츠도 즐겼다. 능력이 참 많았고, 의욕도, 승부욕도 강했다.

매월 반장을 뽑을 때 공약을 말하고 나름 유세를 한 후 투표로 선출한다. 지선이는 몇 차례 반장을 했는데 그때마다 무척 좋아했다.

코로나가 시작되면서 지선이는 복지관을 오지 못했다. 호흡기가 유독 약하고 민감해서 코로나가 치명적일 수 있기 때문이었다. 복지관을 좋아하는 지선이는 복지관과의 거리두기가 몹시 힘들었을 것이다. 사정상 복지관을 휴관하는 것도 지선이는 무척 싫어했다. 지선이가 안 나올 무렵 지수 선생님도 육아휴직을 하면서 둘이 동시에 복지관을 비우게 됐다. 지수 선생님과 지선이는 소울메이트였기 때문에 한쪽의 빈자리가 크게 느껴졌을 텐데 둘이 동시에 복지관을 쉬게 된 건 다행이었다.

중간중간 선생님들이 집을 방문했을 때 지선이는 아주 좋아했다. 모든 선생님들이 늘 한결같은 지선이를 좋아했다. 지선이는 진심으로 긍정적 감정표현을 잘했다. 언제 어디서나 눈치 보거나 기죽지 않고 표현을 잘했고 싫어하는 것도 확실했다. 자기 감정을 잘 인지하고 적절히 표현했다.

지선이를 가장 힘나게 하는 것은 섬세한 관심이었다. 타인에게 관심을 잘 표현하기도 하고 타인에게 관심받는 것도 좋아했다. 자기를 안 쳐다보면 "많이 바쁜가?" 하며 관심을 끈다. 선생님들이 잘 살펴주면 그걸 금세 알아채고 좋아했다. 지선이도 선생님들을 살뜰히 살폈다. 지선이가 있을 때와 없을 때 분위기는 확연히 달랐다. 지선이가 있을 때는 확실히 밝다. 지선이가 결석한다고 연락 오는 날은 복지관 분위기가 짐작되었다.

모든 분위기를 선생님이 주도하는데 지선이는 그 분위기를 더 북돋아주고 선생님들에게 잘 반응해줬다. 누가 봐도 지칠만 하다 싶은데도 지치지 않고 끝까지 호응해주었다. 그리하여 지쳐가는 선생님들을 충전시켜주었다. 그 수고와 배

지선아   고마워

려가 얼마나 고마웠는지 모른다. 지선이는 그렇듯 사람들을 잘 섬겼고 사랑받고 싶어했다.

복지관에 외부 사람들이나 공무원들이 방문하면 팀장님이 지선이를 앞세워 발표를 맡기곤 했다. 지선이는 금방 몸을 흔들며 춤으로 분위기를 띄워주었다. 남녀노소 지위고하 상관없이 쉽게 다가가 말을 걸며 친구가 된다. 센터를 방문한 공무원에게도 특유의 어투로 편하게 말을 건넨다.

"이름이 뭔가? 잘생겼어, 멋있어."

얼핏 보면 할머니가 사랑스러운 손주를 대하는 것 같다.

"이뻐! 최고야! 훌륭해! 멋져부러!"

상대가 누구든 스스럼없이 자연스럽게 긍정적이고 칭찬하는 말을 한다.

사랑의 마음이 있는 사람, 자기 마음이 건강한 사람은 타인에게 허물없이 다가가 상대를 무장해제시킨다. 지선이가 그랬다. 거침없이 다가가고 깊이 있게 소통했다.

예수님이 그리하셨다. 인간을 죽음보다 사랑하셨고, 다함이 없는 건강한 마음이 충만했으므로 우리에게 거침없이 다가오셨다. 거침없이.

음악과 춤으로 함께 행복하던 나날들
- 처인 장애인복지관 김현우 사회복지사

장애인복지관에 입사하여 설레는 마음으로 주간보호(day care)로 실습을 하게 되었다. 그때가 마침 설 전날이라 윷놀이 게임을 진행했는데, 그렇게 지선 씨와 처음으로 만나게 되었다. 처음 눈을 마주쳤을 때 지선 씨가 웃는 모습에 기분이 좋아지며 잘 맞을 거 같다는 생각이 들었다.

윷놀이 게임을 하면서 "지선 짱! 파이팅!" 하고 응원을 하자 아주 즐거워했고 나도 덩달아 신이 났다. 결국 지선 씨가 우승하여 함께 춤을 추며 즐거운 시간을 보냈다. 운영팀에 있던 나는 주간보호로 하루 동안 지선 씨와 함께하면서 긍정적인 힘을 받았기에 주간보호에서 일하고 싶은 마음이 들었다. 지선 씨와 보낸 그 시간을 여자 친구와 가족들에게도 자랑했다. 내게 긍정적인 영향을 준 지선 씨와의 첫 만남은 오래도록 기억에 남을 것 같다.

지선아   고마워

하루는 센터에서 남자 이용고객과 자율활동 시간에 댄스 활동을 하고 있었다. 슬며시 지선 씨가 우리 곁으로 다가와 같이 댄스 활동을 하고 싶어 했다. 샤이니의 〈초록비〉에 맞춰서 댄스를 하고 있었는데 "이 노래 저도 좋아해요" 하고 말하며 다가오던 모습이 떠오른다.

다음 날에도 남자 이용고객들과 〈사랑 만들기〉 음악에 맞춰 댄스를 하고 있었는데 다시 지선 씨가 "이 노래 저도 좋아해요" 하며 다가왔다. 음악적 취향도 정말 잘 맞고 춤출 때 즐거워하는 모습 또한 나와 닮아 하루하루 지선 씨와 함께하는 활동이 좋았다. 그렇게 서로 잘 맞는 음악과 춤으로 소통하며 센터 생활을 즐겁게 이어가던 행복한 기억이 지금도 생생하게 떠오른다.

흥이 넘치는 진짜 춤꾼

– 처인 장애인복지관 이정민 팀장

센터의 간식시간은 모두가 좋아하는 시간이다. 여러 종류의 빵과 과일, 그리고 호빵 같은 계절 간식 등을 다양하게 즐기곤 했다.

그날은 복지관 개관기념일이라서 꿀떡이 간식으로 나왔다. 평소 치아가 약해 씹는 것에 어려움이 있었던 지선이에게 떡은 다른 간식들보다 씹기 어렵고 혹시나 목에 걸리지 않을까 염려되어서 소량만 잘게 다져주었다. 모두 맛있게 먹고 귀가한 후에 지선이 어머님에게서 전화가 왔다. 지선이가 꿀떡을 제일 좋아하는데 조금밖에 먹지 못해서 속상해했다고 하셨다.

'아이쿠! 지선이에게 더 먹고 싶은지를 안 물어봤구나.' 지선이는 떡을 씹기 힘드니까 안 좋아할 거라고 생각했던 나의 실수였다. 그 일이 있고 나서는 작은 일이라도 지선이에게 물어보곤 했다.

"지선아, 이건 어때?""지선아, 이거 하고 싶니?""지선아, 더 먹고 싶어?"

이모저모 물어보면 처음에는 쑥스러운 듯이 고개를 숙이고 대답을 하다가 점점 자신감을 갖고 큰소리로 자신의 목소리를 내기 시작했다. 그리고 얼마 후에 평소처럼 지선이에게 "지선아, 도안을 골라서 색칠을 해볼까?" 하고 물어보았다.

"좋아요"라는 지선이의 대답이 돌아왔다. 그러고 나서 예상 못한 말이 나왔다.

"고마워!"

'에잉? 갑자기 고맙다고? 뭐가 고맙다는 거지?' 문득 의아해져서 다시 물었다.

"뭐가 고마워, 지선아?"

다시 물으니 쑥스러운지 고개를 숙였다.

"아~ 새로운 도안을 줘서 고맙구나?" 했더니 아니란다.

"그럼 선생님이 같이 색칠하는 게 고마워?" 했더니 그것도 아니란다.

계속해서 뭐가 고마운지 스무 고개 질문을 이어갔다. 그리고 드디어 정답을 찾았다. 의외의 답이었다. 다름 아니라 자신에게 물어봐줘서 고맙다고 말한 거란다. 물어봐주는 게 뭐라고, 그렇게 작은 일에도 감사할 줄 아는 친구가 바로 지선 이였다.

그렇듯 감사를 잘 표현하던 지선이의 마음은 선한 영향력 이 되어 센터의 분위기를 더욱 화기애애하게 만들어주었다.

지선이가 흥이 많은 건 가까운 사람들은 다 아는 사실이 다. 센터에서도 체조, 에어로빅, 댄스경연에는 늘 빠지지 않 고 흥을 폭발하는 모습을 보였다.

그날은 지선이가 컨디션이 매우 안 좋은 날이었다. 그래서 어머님은 지선이가 집에서 쉬면 좋겠는데 센터에 꼭 가야 한 다고 졸라서 할 수 없이 왔다고 말씀하셨다. 어머님 말씀대 로 오전 내내 푹 처져 있고 힘이 없어 보였다. 오후에는 집으 로 보내서 쉬게 해야겠다는 생각이 들 정도였다.

그런데 오후 에어로빅 시간이 되자 지선이는 모든 힘을 끌 어모아 춤을 추기 시작했다. '엥? 아픈 애 맞나?' 하는 생각 이 들 정도로 얼마나 열정적으로 춤을 추는지 걱정될 정도였 다. 그렇게 한 시간을 불태우고 다시 푹 처져버렸다. 마치 에 어로빅 시간을 위해 복지관에 온 것처럼 보일 정도였다.

그다음 날은 역시나 아파서 센터를 오지 못했다. 마지막 흥까지 폭발하고 재충전에 들어간 것이다. 그렇게 지선이는 힘들어도 지쳐도 어디선가 노래가 나오면 어김없이 나타나 흥을 폭발하는 진짜 춤꾼이었다.

영원히 잊을 수 없는 예쁜 천사

- 처인 장애인복지관 김미래 어머니

지선이는 다른 사람을 미워하거나 흉보거나 큰소리로 싸우는 것을 무척 싫어했다. 하루는 뒷좌석에 지선이와 미래를 태우고 별 생각 없이 전화를 하면서, 농담으로 당시 개그맨 유행어를 따라 말했다.

"나는 너 이러면 안 볼 거야. 미워할 거야."

그리고 전화를 끊었는데, 지선이가 나를 지켜보고 있었다.

"미래 엄마 나빠, 싫어. 그러면 안 돼!"

지선이는 내가 한 말을 매섭게 나무랐다. 그 후로 지선이 앞에서는 좋은 얘기, 기쁘고 즐거운 말과 행동을 하고자 늘 애썼는데 가끔 실수로 부정적인 말을 할 때는 여지없이 혼쭐이 났다.

지선이를 생각하면 감사한 마음이 참 크다. 지선이는 매일 복지관에 데려다주고 데려오는 지선이 엄마에게 우리 미래를 맡기면서 더 친해졌다. 그러면서 지선이와 미래는 1년 365일을 거의 하루도 안 만나는 날이 없었다. 지선이는 복지관에서, 집에서, 주말에는 교회에서 항상 미래를 언니처럼 보호자처럼 함께해줬다. 곁에서 돌봐주고 화장실 가면 뒷처리 해주고 물 떠다 주고 열심히 그림도 색칠해주고 퍼즐도 같이 해주고 블럭놀이도 같이 하면서 둘은 껌딱지처럼 늘 함께였다.

그런 지선이가 입원했을 때 둘은 처음으로 오랫동안 떨어져 지냈는데, 미래는 초조하고 불안한 마음으로 지선이를 찾았다. 나는 지선이가 아파서 병원에 있다고 설명해줬다. 그리고 간절한 마음으로 지선이를 살려달라고, 한 번도 해본 적 없는 기도를 했다.

지선이 입원 중에 둘은 여러 번 영상 통화를 했는데 마지막 영상 통화는 잊을 수가 없다. 지선이가 떠나기 전에 누가 보고 싶은지 물어봤는데 미래 언니를 찾았단다. 영상 통화가 연결이 되었는데도 지선이는 여느 때와 달리 한마디 말을 못하고 눈물만 하염없이 흘렸다. 그 여린 손으로는 휴대폰 속 미래 얼굴을 연신 어루만지기만 했다.

지금도 그 작고 보드라운 손이 잊혀지지 않는다. 그렇게 지선이를 보낸 뒤 때때로 생각나면 나도 울컥해지면서 지선이가 보고 싶은데 미래는 얼마나 보고 싶을까? 이제 지선이는 천국에 있으니까 우리도 천국에 갈 수 있도록 지선이처럼 착하고 아름답게 살아야겠다.

　지선아, 안녕! 우리, 천국에서 다시 만나자. 그 고마움 잊지 않을게.

밝은 기운을 몰고 오던 아이
- 처인 장애인복지관 문준형 어머니

지선이는 밝고 명랑하고 맑은 아이였다. 지선이가 복지관에 도착하면 조용하던 공간이 시끌시끌해지고 갑자기 밝아지는 느낌이 든다.

지선이는 승부욕이 있고 운동신경도 좋아서 게임이나 운동을 최선을 다해 열심히 하고 응원도 열심히 하는 아이였다. 매주 승마장에 가서 말을 탈 때도 다른 친구들은 무서워하는데 지선이는 능숙하게 잘 타는 것이 신기했다.

복지관에 다닐 때 지선이가 우리 준형이를 오빠 오빠 하면서 잘 따랐다. 지선이 부모님과 우리 부부가 친하기도 해서 나중에 둘이 혼인을 시키자는 얘기도 했었다.

그런데 지선이가 많이 아프다는 소식을 듣고 제일 먼저 지선이를 보러 병원에 달려갔다. 지선이와 엄마가 얼마나 힘들어할지 알기 때문이다. 밥이라도 사 먹이고 옆에서 기도라도 해주며 힘을 보태고 싶었다.

지선이 엄마는 걱정이 컸다.

"지선이가 폐 이식을 해야 한다는데 어떡하죠?"

"걱정하지 마. 그거 내가 해줄게."

어떤 말이 위로가 될 수 있었을까. 그럼에도 지선이 엄마는 그렇게까지 마음을 써주냐며 감격해하고 감사해했다. 지선이를 살릴 수만 있다면 정말 그렇게라도 하고 싶었다. 그런 지선이가 준형이 뒤를 따라가다니, 너무 슬프고 아팠다.

이제는 천사 같은 지선이와 준형이가 천국에서 만나 외롭지 않고 함께 행복하게 지낼 것이라 믿고 있다.

지선아   고마워

아름다운 삶의 모델

- 처인 장애인복지관 김혜윤 어머니

"혜윤이 엄마 참 이뻐."

여느 때와 똑같이 아침에 혜윤이와 주간보호 출입문 앞에 설 때쯤, 지선이를 포함한 동백 셔틀버스 친구들이 들어온다.

"얘들아, 안녕!"

인사를 건네면 미래와 선희는 씨익 웃어주고, 지선이는 항상 사람을 웃게 하는 기분 좋은 멘트를 날려준다.

"혜윤이 엄마 참~ 이뻐!"

정말 행복한 말이었다. 매일 듣는 인사 같았지만, 이제와 생각해보니 지선이는 마음을 말하는 아이였고 행복하게 하루를 시작하게 하는 천사 같은 아이였다. 지금은 이렇게 행복한 아침을 선물해주는 사람이 없다.

장애아를 키우는 엄마들은 서로 언니동생이라 부르며 함께 아이들을 챙기면서 자연스럽게 이모가 된다. 나의 딸 혜윤이는 귀가 예민한 아이다. 지선이는 컨디션이 안 좋으면 가끔 기침을 했는데, 혜윤이는 말로 표현을 못 하고 지선이 팔에 이빨자국을 내기도 하고 머리카락을 한 웅큼씩 뽑기도 했다. 그게 '나는 기침소리가 싫어'라는 혜윤이의 표현이다.

　그런데 손의 힘 조절을 못하는 혜윤이는 약하고 여린 지선이의 팔에 크고 작은 상처와 멍이 생기게 했다. 이런 상황이 생길 때마다 지선이에게 사과를 건넸다.

　"지선아, 미안해. 혜윤이가 아프게 했지?"

　그러면 지선이는 "아이, 괜찮아" 하며 쿨하게 넘어가기도 하고, 많이 놀라고 아플 땐 싫은 표정으로 고개를 돌리기도 했다. 아직도 아프고 놀란 가슴이 가라앉지 않았는데 사과를 받으라고 하니 싫었을 것이다.

　그랬다가도 금방 용서하고 혜윤이를 귀여워해준다. 딸의 상처나 멍을 보면 얼마나 속상할까 싶어 지선이 엄마에게 전화로 사과를 하면 선선한 대답이 돌아온다.

　"괜찮아. 멍에 바르는 약 있어. 그 약 바르면 괜찮아져. 우리 아이들의 특성인 걸 왜 네가 미안해하고 그래."

　그 어머니에 그 딸이다. 지선이 엄마 말에 나는 더 미안해진다. 자기 자식이 손목을 물려 오면 속상하고 마음 아프지 않은 엄마가 어디 있겠는가? 더구나 여리디여린 지선이가 많이 놀라서 힘들어하는데도 오히려 혜윤이를 챙긴다.

"혜윤이도 놀랐겠다. 그러니까 혜윤이 혼내지 마."

엄마처럼 지선이도 혜윤이를 금방 용서하고 다가와서 안아준다. 이렇게 천사 같은 아이인데 왜 그리 큰 고통을 겪어야 하는 건지 너무 슬프고 힘들었다.

지금은 천사 같은 지선이를 볼 수 없지만 지선이는 우리 모두에게 그렇게 아름답게 살아야 한다는 것을 보여주고 천국으로 돌아간 것 같다. 이 땅에서도 지선이가 있는 곳은 어디나 천국이었다.

행복을 꽃피우던 사람

- 처인 장애인복지관 권영삼 팀장

어느 날 외부기관에서 귀한 손님이 센터에 찾아오셨다. 그분들은 잠시 왔다가지만 그때 보게 되는 이미지와 순간의 느낌이 우리 센터의 이미지가 될 것이었다. 그래서 무엇보다 우리 센터의 활기차고 행복한 모습을 보여드리고 싶었다.

수행원들과 함께 온 그 손님은 연신 주변을 둘러보면서 여러 가지 관심을 보이셨고 수행원들과 대화도 나누며 주의깊게 관찰하는 듯했다. 나도 그분에게 뭔가 말을 걸어야 할 것 같아서 '뭐라고 말을 해야 하지?' 고민하고 있었다. 그런데 어느새 지선 씨가 손님에게 다가가고 있었다.

"아이구, 왜 이렇게 예뻐! 왜 이렇게 잘해!"

그렇게 밝게 인사하면서 손님과 악수를 했다. 나이가 쉰이 훨씬 넘어 보이는 그분은 자신에게 먼저 다가와 밝게 웃으며 건넨 말에 행복해하시며 지선 씨에게 고맙다고 인사했다. 지

지선아   고마워

선 씨의 센스 있는 말에 금세 분위기가 밝아졌고 마음의 벽이 모두 무장해제되는 것 같았다. 한바탕 웃음꽃이 피었고 우리 센터에는 생기가 가득 넘쳤다.

그 손님은 아주 만족한 표정으로 센터를 둘러보고 나가셨다. 아마 우리 센터를 오래도록 기억할 것 같다. 그리고 자신에게 스스럼없이 다가온 지선 씨와 진심을 담은 순수한 칭찬의 말도.

주간보호에는 5명의 선생님들이 근무하고 있고 벽쪽으로 선생님들 책상이 나란히 놓여 있다. 그림그리기를 좋아하는 지선 씨는 백설공주, 신데렐라 같은 도안에다가 다양한 색을 이용해 정성스럽게 색칠을 하고는 그 종이에 선생님들의 이름을 써서 책상 앞에 하나씩 붙여주곤 했다. 바로 그 공주가 선생님 당신이라는 뜻이다. 그렇게 선생님들 책상 앞에는 몇 장씩 색칠 도안이 붙어 있다.

그날도 지선 씨가 정성스레 색칠해주는 도안을 받고 싶었다. 그래서 옆에 다가가서 투정을 부렸다.

"아니, 요즘 나한테는 그림도 안 주고, 여자 선생님들한테만 주고…. 너무 슬프다. 나한테는 그림 주는 사람이 아무도 없네."

그러고는 우는 시늉을 했다. 지선 씨는 나를 달랬다.

"아이 참, 조금 기다려. 내가 요즘 너무 바쁘네. 좀 기다려 줘."

그 뒤 외부 일정이 있어 나갔다 늦게 들어온 나는 업무를 정리하고 퇴근 준비를 했다. 자리에서 일어서는데 순간 책상 앞에 그림이 하나 붙어 있는 게 눈에 들어왔다. 멋있는 왕자 그림이 예쁘게 색칠되어 있고 왕자 옆에 내 이름 석 자가 크게 써 있는 게 아닌가. 순간 하루의 피로가 싹 가시고 웃음이 절로 났다.

나의 투정을 받아주고 기억했다가 그림 선물을 해주려고 정성스레 색칠했을 지선 씨 모습이 떠올랐다. 몹시 행복하기도 하고, 한편으론 조금 미안해졌다. '나도 내일 지선 씨에게 뭔가를 주고 싶은데 뭘 줄까?' 생각만으로도 행복해지던 날이 지금도 그립다.

지선아   고마워

보고 싶다, 지선아

– 처인 장애인복지관 송선희 어머니

용인에 이사 와서 선희가 만난 유일한 동갑내기 여자 친구가 지선이였다. 지선이의 첫 느낌은 항상 스마일로 모두에게 웃음과 기쁨을 준다는 것이었다. 칭찬의 말을 잘해주고 긍정적인 에너지를 주는 사랑의 메신저였다.

선희와 같은 복지관을 다니면서 장애인 예배가 있는 교회를 찾던 중에 지선이가 다니는 향상교회에 사랑부 예배가 있어 다니게 됐다. 지선이를 통해 선희도 지금까지 잘 다니고 있음에 감사하고 있다.

지선이 부모님의 많은 봉사와 헌신에도 깊은 감사를 드리고 싶다. 소그룹모임인 목장에 유난히 장애인 가족이 많다. 목장 모임을 하면서 지선이의 섬김과 챙김에 분위기가 좋았던 기억이 많다. 선희는 지선이가 예쁜 말을 잘하고 요구하는 대로 잘 들어주는 친구라 그런지 서로 잘 통했다. 지선이는 지칠 줄 모르고 즐거워하며 선희뿐 아니라 많은 사람들을 잘 섬겼다.

말로 표현은 못 하지만 선희는 가끔 지선이의 빈자리가 많이 허전하고 생각이 나는지 요즘도 지선이 엄마 차를 보면 지선이가 있을 때처럼 차에 올라타려고 한다. 그럴 때면 집에 와서 선희 책상 위에 있는 지선이 사진을 한참 바라본다. 가끔 "선희야, 지선이 어디에 있어?" 하고 물으면 선희는 손가락으로 하늘을 가리킨다.

하루는 복지관을 마치고 뒷좌석에 선희와 지선이를 태우고 집으로 오는 길이었다. 선희가 계속 뭐라고 낑낑대며 표현하는데 운전하느라 나는 알아챌 수가 없었다. 그때 지선이가 선희의 재킷 지퍼를 끼워서 올려주려고 했다. 어두워서 잘 안 되니까 차 실내등을 켜달라고 했다.

지선이가 선희의 요구대로 옷을 입혀주는 것을 보면서, 내가 선희를 두고 떠나야 할 때를 항상 걱정하며 사회복지기관을 알아봤는데 마음이 조금 놓였다. 말로 표현 못 하는 선희의 요구를 알아차리고 도와주는 걸 보면서 자기들끼리 서로 도우며 살아가겠구나 싶어 안심이 됐다.

그런 지선이를 떠나보내고 어둑어둑해질 무렵, 선희를 태우고 집으로 오는 길에 그때의 지선이가 생각나서 마음이 또 울컥 했다.

보고 싶다, 지선아.

우리들의 천사, 우리들의 교사

– 향상교회 사랑부 이용철 교사

지선이는 잠깐 이 땅에 천사의 모습으로 와서 우리에게 많은 것을 가르쳐주고 다시 천사가 있어야 할 곳으로 돌아갔다. 교회 사랑부에서 지선이를 일주일에 한 번씩 만났는데, 부모님이 바쁠 때는 몇 시간씩 우리 집에 와서 밥도 먹고 책도 읽고 도란도란 대화를 나누기도 했다.

지금도 지선이 생각이 나고 그 목소리도 가끔 들리는 듯하다.

"아이고, 참 유치하네! 어허이!"

지선이는 잘생겼다는 것을 유치하다고 말했던 것 같다.

예배 중 찬양 시간에는 수줍은 듯 앞에 나가 선이 곱고 예쁘게 율동의 포인트를 살려가며 찬양과 율동으로 보조교사 역할을 했고 선생님을 더 챙겨주었다.

지선이는 주일마다 컨디션이 오락가락했다. 어느 날은 맑

지선아   고마워

았다가 어느 날은 얼굴에 혈색이 없고 몸이 기운 없이 흔들거렸다. 지선이가 앓고 있는 병을 알기에 늘 조심스러웠고 기도하며 지켜보곤 했다.

점점 상태가 안 좋아져서 걱정하던 차에 기다리던 조혈모세포 이식을 위해 서울대병원에 입원했다는 이야기를 들었다. 이제 수술하면 건강한 모습으로 만날 수 있겠다 기대하고 있었는데 상태가 안 좋다는 소식이 전해졌다. 새벽기도회 시간에 목사님이 성도들에게 긴급기도를 부탁하셨는데, 지선이가 깨어나지 못하고 사경을 헤매고 있다며 속히 살아나게 해주시기를 기도하자 하셨다.

눈물로 기도하고 출근을 하는데 도저히 일이 손에 잡히지 않았다. 두어 시간쯤 일하다 잠깐 어디 다녀온다고 하고 분당에서 혜화동 서울대병원까지 달려갔다. 지선이는 무균실에서 잠자듯 있었고 지선이 아버님이 무균실 안에 함께 있어서 전화기로만 대화할 수 있었다. 아버님에게 지선이 상태를 듣고 나서 지선이 귀에 수화기를 대달라고 부탁했다.

"지선아, 유치한(잘생긴) 이용철 선생님이야. 지선이 보고 싶어서 왔어. 얼른 일어나서 사랑부 예배 시간에 같이 찬양도 하고 율동도 하고 하이파이브도 하자. 지선이 기다릴게. 꼭 깨어나서 보자."

눈물을 줄줄 흘리며 지선이에게 이야기한 뒤 우리 지선이 살려달라고, 주님도 그 찬양, 그 율동 계속 듣고 보고 싶지 않으시냐고 따지듯 애원하는 기도를 드렸다. 이 만남이 마지막이 아니길 계속 기도하며 병원을 나와 다시 회사로 향했다.

다음 날 지선이가 기적처럼 깨어났다는 소식을 듣고 얼마나 기쁘고 감사했는지 모른다. 한참 시간이 흐른 후에 다시 문병을 갔을 때 지선이가 환하게 반기며 내 손을 잡았다. 그때 지선이 병원 침대에 놓인 예쁜 핑크공주 수첩에 뭔가 가득히 적혀 있는 걸 보았다.

"지선아, 이게 뭐야? 선생님이 봐도 돼?"

허락을 구해 지선이 수첩을 펴봤더니 사랑부 선생님들 이름이 빼곡했다. 한 장 두 장을 넘어 한 권 가득 선생님들 이름을 한 글자 한 글자 정성들여 써가며 보고 싶은 마음을 담아 축복의 기도를 했을 것을 생각하니 감동도 되고 부끄럽기도 했다. 지선이를 위한 기도를 우리는 이처럼 정성 들여 한 적이 있던가.

지선이의 마음을 나누고 싶어서 사진을 찍어 사랑부 카톡방에 공유했다. 지선이가 선생님들을 위해 기도하고 있음을 알리면서 우리도 더 열심히 기도하자는 마음을 나눴던 일이 아직도 생생하다.

분명 지선이는 천사였고 우리들의 교사였다. 우리가 지선이에게 더 많은 것을 배우고 감동하고 영향받은 학생들이었다. 함께한 모든 시간이 아름다웠고 그때가 그립고 지선이가 더욱 보고 싶다.

지선이가 있어야 할 곳은 천국이 맞지만, 조금 천천히 갔으면 어땠을까. 우리와 함께 갔으면 어땠을까. 아니, 엄마 아빠 동생들과 함께 더 많은 시간 행복하게 살다 갔으면 어땠을까.

"지선아, 엄마아빠 걱정은 하지 마. 우리가 지선이의 만분의 일도 못 하겠지만 가끔 만나 맛난 것도 사드리고 재미난 이야기도 해드리고 응원도 하고 기도도 할게. 그렇게 잘 지내다 지선이 있는 곳에서 다 같이 반갑게 만나자."

내 삶을 바꾼 스승
– 향상교회 사랑부 김영화 교사

지선이를 처음 만난 건 2005년 교회에서 사랑부를 준비하던 때였다. 교회에서는 지역사회로 사랑을 흘려보낼 목적으로 어린이집, 노인대학, 지역아동센터 등의 부서를 만들었는데 사랑부도 그 즈음에 함께 신설되었다.

나는 지역아동센터 간사로 근무하면서 주일에는 사랑부 교사로 섬기기로 했다. 사랑부를 신설할 때 함께 교사로 섬길 준비를 했었기에 지선이 아버님 김남용 집사님과도 안면이 있었다.

지선이는 아빠가 바쁘실 때 내가 일하는 지역아동센터에서 나와 함께 지내곤 했었다. 감사하게도 지선이가 나를 잘 따르고 나도 지선이와 함께 지내는 것이 힘들지 않아 즐거운 시간을 보내곤 했다.

당시 센터에서 아동들의 학습지도를 위해 학습지를 구매하여 공부했는데 그것을 눈여겨본 지선이가 자기도 학습지를 달라고 했다. 그때까지만 해도 나는 지적장애인들은 지능이 머물러 있는 줄 알고 있었다. 그런데 그렇지 않다는 걸 지선이를 통해 알게 되었다.

수학연산문제집을 한 권 주고 덧셈을 알려주었는데 이틀 후 문제집 한 권을 다 풀어 왔다. 그래서 올림이 있는 덧셈도 알려주고 다른 문제집을 주었는데 또 다 풀어 왔다. 나는 깜짝 놀랐다. 누가 했냐고 물었더니 자기가 했다고 수줍게 대답했다. 설마 지선이가 했을 거란 생각은 못 하고 동생이 했거나 누군가 도와줬겠지 생각했는데 자기가 했다고 하니 놀랄 수밖에. 그래서 몇 문제를 더 내주고 풀어보라고 하니 역시 잘 풀었다.

이런 일도 있었다. 내 이름을 알려달라고 하기에 지선이 수첩에 적어주었더니 다음 날 내 이름을 그대로 써서 건네주었다. 그렇게 다른 사람들의 이름도 하나씩 써주었다. 지선이는 한글도 스스로 익혔다고 한다. 지선이를 통해 장애인들에 대한 나의 편협한 인식을 깨닫게 되었다. 장애인들도 학습욕구가 있고 인지능력이 향상된다는 사실은 큰 깨달음이었고 내 삶을 바꾸는 계기가 되었다. 인식이 바뀌니 그들을 바라보는 관점이 달라진 것이다.

　나는 지금 초등학교에서 특수교육지도사로 일하고 있다. 이 일이 내 적성에 잘 맞고 이 일을 하면서 행복감을 느낀다. 내게 일어난 이 모든 일은 지선이의 선한 영향력 덕분이다. 나는 지선이에게 큰 사랑의 빚을 졌다.

세상을 아름답게 담는 눈

- 향상교회 사랑부 정은주 교사

세상 모든 것을 예쁘고 사랑스럽게만 보는 지선 씨와는 사랑
부 교사로 첫 만남을 가졌다.

"아이고, 왜 이렇게 예뻐!"

낯선 내게 처음으로 건넨 인사였다. 그리고 주일마다 "지
선아, 안녕! 어서 와~"하고 인사를 하면 "아이고, 왜 이렇게
예뻐"하며 환한 웃음으로 받아주었다. 엄마를 찾아온 아이
들을 보면 내게 가까이 다가와 손으로 가리키며 이야기한다.

"왜 이렇게 예뻐! 아이구 참말로…."

세상 모든 것이 예쁘게 보이는 아름다운 눈으로, 지선 씨
는 하나님 형상대로 지음 받은 우리를 그 모습 그대로 착하
고 아름답게 담아낸다. 예배 시간에 집중 못하는 친구에게는
적극 개입도 한다.

"앞을 봐야지~ 참말로."

지선이의 눈과 마음이 오롯이 하나님께 향해 있었음을 주님은 아실 것이다.

아직도 함박웃음으로 "왜 이렇게 예뻐" 하며 좋아하던 목소리가, 얼굴을 쓰다듬던 그 보드라운 손이, 조금 전까지 함께 놀던 것마냥 곁에 있는 듯하다. 아마 오래도록 잊지 못할 것이다. '지선아, 그곳은 정말 아름답지? 그 예쁜 눈으로 담아내는 그곳은 얼마나 아름다울까?'

> 이르시되 진실로 너희에게 이르노니
>
> 너희가 돌이켜 어린아이들과 같이 되지 아니하면
>
> 결단코 천국에 들어가지 못하리라
>
> 그러므로 누구든지 이 어린아이와 같이
>
> 자기를 낮추는 사람이 천국에서 큰 자니라
>
> (마태복음 18:3-4)

하나님 안에서 강한 사람

- 향상교회 사랑부 배하주 목사

장애인 부서를 맡았던 2016년, 사랑부실에서 지선이를 처음 만난 날이 기억납니다. 아무것도 모르고 잔뜩 긴장하고 있던 나에게 한 친구가 포슬포슬 걸어와 말을 걸어주었습니다.

"아이구, 왜 이리 멋있어? 너무 귀엽네. 아이구, 잘 왔네!"

지선이가 저에게 처음 한 말이었습니다. 장애인과 함께하는 것이 매우 낯설고 어색했던 저에게, 두려움이 많았던 저에게 보여준 지선이의 환대는 마음을 환하게 했습니다. 지선이를 통해서 하나님이 '잘 왔다. 네가 있어야 할 곳은 여기야'라고 말씀하시는 것 같았습니다.

사랑하는 지선이가 먼저 천국에 간 이후로는 저를 멋있다고, 귀엽다고 말하는 사람이 아무도 없습니다. 지선이 앞에만 서면 자존감이 팍팍 높아졌는데…. 지금도 천국에서 저를 보면서 '목사님, 잘하고 있어. 멋있어. 귀여워' 하고 있을 지선이를 생각하면 입가에 잔잔한 미소가 번집니다.

지선이를 떠올리면 여러 생각이 납니다. 그중에서도 첫 번째로 꼽고 싶은 것은 지선이는 누구보다 예배를 소중하게 여긴 예배자였다는 것입니다. 찬양할 때 지선이는 온 힘을 다해 찬양했습니다. 손을 들고 몸을 이리저리 흔들며 율동했습니다. 간혹 찬양을 하지 않는 친구들이 보이면 찾아가서 함께 찬양하자고 격려했습니다. 누구의 눈치도 보지 않고 하나님 앞에서 온몸과 마음으로 자유롭게 예배드리는 지선이를 볼 때면 '맞아, 예배는 저렇게 드려야지'라는 생각이 들었습니다.

지선이는 항상 가장 앞자리에서 예배를 드렸습니다. 그리고 말씀, 율동, 설교에 적극적으로 참여했습니다. 고개를 끄덕이고 질문에 대답도 가장 잘했습니다. 제가 말씀을 전하거나 율동을 하다가 한 번씩 틀리면 "어이구, 귀여워"라고 반응해주었고, 같은 말을 여러 번 반복하게 하면 "어이구, 힘들게 계속하네" 하면서도 따라 해주었습니다.

지선이는 예배를 인도할 때 저를 가장 많이 도와줬던 친구입니다. 예배 분위기를 밝게 만들고 활력을 주었습니다. 코로나가 시작되고 현장 예배를 하지 못할 때에는 각자 집에서 예배드린 사진이나 영상을 보내왔습니다. 그럴 때면 어김없이 단짝친구 미래와 함께 예배를 드리고 공과공부를 한 사진을 보내왔습니다. 보내온 사진을 볼 때면 지선이가 이렇게 말하는 것처럼 느껴졌습니다. '목사님, 나 예배 잘 드리고 있으니까, 목사님도 힘내!' 이렇듯 예수님을 사랑하고 예배를 좋아하던 지선이는 저와 우리 사랑부에 선물 같은 친구였습니다.

하루는 힘든 일이 있어서 사랑부실에 우두커니 앉아 있을 때였습니다. 지선이가 다가오더니 제 손을 꼬옥 잡아주며 물었습니다.

"목사님, 왜 인상을 쓰고 있어? 무슨 일 있어? 지선이 삐진다?"

그래도 제가 힘없이 있자 눈물을 주르륵 흘리더니 제 어깨를 토닥이며 말했습니다.

"목사님, 지선이 속상하네."

어떤 때는 제가 "지선아, 목사님 이런저런 일로 속상하네" 하면 아무 말 없이 들어주었습니다. 처음엔 내 이야기를 이해하지 못하는 건가 하는 생각이 들었는데, 그게 아니라 그냥 가만가만 들어주고 있었던 거였습니다. 자기 마음과 귀를 기울여, 그저 들어주려 했던 것입니다. 그것이 최고의 상담이니까요.

지선이는 저뿐 아니라 주변에 기운 없고 힘들어하는 사람들이나 친구들을 그냥 지나치는 법이 없었습니다. 먼저 다가가서 볼을 만져주거나 손을 꼭 잡아주면서 말을 건넵니다. "왜? 무슨 일 있어?" 하면서요. 지선이는 이처럼 사람의 마음을 읽고 위로할 줄 아는 친구였습니다.

그런데 아주 가끔, 지선이가 사랑부실에 들어올 때 기분이 안 좋아 보이는 날이 있습니다. 그럴 때는 몸의 컨디션이 좋지 않거나 뭔가 속상한 일이 있다는 겁니다. 그런 날엔 저를 찾아와 말을 건넵니다.

"목사님, 지선이 속상하네."

누구나 그렇듯 지선이도 위로가 필요할 때가 있는 법이지요. 그럴 땐 지선이를 잠시 안아주며 말합니다.

"지선아, 목사님도 속상하네. 무슨 일 있어? 목사님이 누구 혼내줄까?"

그러면 곧장 지선이의 대답이 돌아옵니다.

"아이구, 목사님이 뭘 그렇게 하노?"

그러면서 표정이 다시 밝아집니다. 저는 그런 지선이가 참 좋았습니다. 흐린 날도 있고 맑은 날도 있듯이 우리 인생에도 흐리거나 맑은 날이 올 때 지선이처럼 위로해주고 위로받으며 웃을 수 있는 그런 티 없이 맑은 사람이 될 수 있을까요?

지선이는 우리가 서로 지지하고 지탱해줄 때 비로소 세상이 살 만하다는 것을 알려주었습니다. 강할 때는 사랑을 베풀고 약할 때는 다른 사람들의 사랑을 받을 수도 있어야 한다는 것을 가르쳐준 지선이는 제게 친구이자 선생이 되어주었습니다.

지선이는 면역력이 약해서 계절이 바뀔 때마다 기침도 자주하고 열이 날 때도 많았습니다. 조혈모세포 이식 수술을 비롯해 그 후에도 여러 수술을 하면서 사선을 넘는 순간도 참 많았습니다. 그런 힘든 순간마다 하나님은 지선이와 함께하시고 지선이를 지켜주셨습니다. 그만큼 지선이는 하나님 안에서 강한 사람이었습니다.

지난 5월 병원에 입원할 때도 그럴 거라 믿었습니다. 아니나 다를까 고비가 왔지만 잘 넘어가고 안정이 되고 있다는 소식을 듣고 안도감을 가졌습니다. '그럼 그렇지, 하나님이 지선이를 지키고 계시잖아.'

병원에 있는 지선이와 영상 통화를 했습니다. 목사님이 보고 싶다고 엄마에게 영상 통화를 연결해달라고 한 지선이가 참 고마웠습니다. 지선이는 평소와 다르게 말을 많이 하지는 않았습니다. 아마도 산소호흡기를 하고 있어서 힘들었던 것 같습니다. 그래도 제 이야기를 많이 듣고 예쁜 미소를 지어주며 말했습니다.

"목사님, 멋있네. 보고 싶다⋯."

"그래 지선아, 우리 곧 만날 거야! 밥도 잘 먹고 건강하게 곧 만나자!"

지선이가 힘들어하는 기색이 보여 저도 인사를 나누며 통화를 마쳤습니다. 그리고 김미영 집사님을 통해서 지선이가 병원에서 감사를 많이 하고 있다는 이야기를 들었습니다. 도대체 무엇을 감사했을까? 나 같으면 감사할 수 없을 것 같은데, 원망도 하고 불평도 할 것 같은데⋯.

하지만 지선이는 강한 사람이었습니다. 하나님의 은혜 안에서 강했고 믿음 안에서 강한 사람이었습니다. 지선이는 고난 중에도 감사한다는 것이 무엇인지 알고 있었습니다. 그렇듯 지선이는 가장 연약한 사람인 동시에 가장 강한 사람이었습니다.

지선이는 진짜 강함은 사람이 가진 힘과 능력에 있는 것이 아니라 하나님을 의지하는 믿음과 천국에 대한 소망, 그리고

지선아　고마워

고난 중에도 하나님과 이웃을 사랑하는 마음에 있다는 것을 우리에게 알려주었습니다. 약하지만 강했던 지선이. 약함이 강함이라는 것을 삶으로 알려주었던 지선이가 많이 보고 싶습니다.

사랑부 사역을 하면서 가장 힘든 순간은 함께하던 친구들이 먼저 떠날 때입니다. 믿음의 눈으로 바라보면 장애와 아픔이 없는 아버지의 품으로 갔으니 감사한 일이지요. 하지만 현실로 돌아오면 함께 울고 함께 웃던 믿음의 지체가 먼저 떠나버린 상실감으로 인해 마음이 몹시 힘들었습니다. 좀 더 우리 곁에 있었다면 더 많이 사랑하고 더 많이 안아주고 더 많이 이야기할걸 하는 아쉬움이 항상 뒤따릅니다. 그래서 우리는 죽을 때까지 '지금 알고 있는 걸 그때도 알았더라면' 하면서 사는 것 같습니다.

하지만 지선이는 후회없이 남김없이 아낌없이 '지금 여기'서 행복하고 사랑하는 것이 무엇인지 알려주었습니다. 하나님은 지선이를 이 땅에 보내셨고 모든 사명과 임무를 마치게 하시고 하늘나라로 부르셨습니다.

코로나 상황임에도 지선이 장례식에 그렇게 많은 사람들이 온 건 참으로 놀라웠습니다. 담임목사님도 지선이의 장례식만큼 사람들이 많이 온 건 처음이라고 하셨습니다. 아마도 평소에 지선이에게 사랑받고 지선이를 사랑한 이들이 그 가족들 곁에서 함께 시간을 보내고 싶었던 것 같습니다. 교회 성도님들, 복지관 식구들, 지선이와 함께했던 친구들 모두 지선이의 몸짓, 표정, 얼굴, 사랑을 기억하며 이야기들을 나누고 있었습니다.

장례 절차마다 지선이가 믿고 사랑했던 예수님이 함께하시는 것을 느꼈습니다. 모두가 부활의 소망을 가지고 함께 가족들의 슬픔과 아픔에 동참하였습니다. 하나님은 어디 계시는가 묻는다면, 하나님은 사랑이 있는 곳에 계셨습니다. 지선이가 남기고 간 사랑을 더불어 함께 나누는 그곳에 함께하셨습니다.

장지에서 돌아오는 길에 하늘나라에서 그 누구보다 행복하게 있을 지선이 생각이 났습니다. 하늘나라에서 지선이가 제게 해주는 말이 들려오는 듯했습니다.

"목사님, 멋있어! 귀여워! 감사해야 해!"

이 땅에서 한 알의 밀이 되어 살았던 지선이처럼 나도 한 알의 밀로 죽어서 열매 가득한 삶을 살다가 지선이와 재회하고 싶습니다. 그날에 예수님과 지선이 앞에 부끄럽지 않도록 이웃들에게 아낌없는 사랑을 표현하며 살고 싶습니다.

지선아　　고마워

내가 진실로 진실로 너희에게 이르노니

한 알의 밀이 땅에 떨어져 죽지 아니하면 한 알 그대로 있고

죽으면 많은 열매를 맺느니라

자기의 생명을 사랑하는 자는 잃어버릴 것이요

이 세상에서 자기의 생명을 미워하는 자는

영생하도록 보전하리라

(요한복음 12:24-25)

모든 사람을 '이쁘게' 보던 지선이

- 향상교회 사랑부 윤순덕 교사

10년 전쯤 지선이가 수술해서 사랑부 교사들과 함께 혜화동 서울대병원에 병문안 갔을 때였다. 비좁은 병실에 여러 사람이 있었기에 난 구석 창가에 약간 쪼그리고 서 있었다. 그때 지선이가 배시시 웃으며 말했다.

"뭐 먹을 게 있다고 거그 서서 쪼글테고 서 있어? 어이구 참말로! 이짝으로 좀 나와~."

전라도 산골 할머니 톤으로 호통치듯 말해서 모두들 한바탕 웃음보가 터졌다. 같이 갔던 집사님은 오래도록 지선이 흉내를 내며 나를 놀리곤 했다.

지선이 마음에는 불편하게 서 있는 내가 안쓰러워 편히 앉으라고 했던 것이다. 늘 그렇게 다른 사람을 배려하는 친구였다. 이후 3년간 다른 부서에서 봉사하다 다시 사랑부로 왔더니 나를 기억하고선 반갑게 인사했다.

"아이고 참말로, 오랜만이여. 어찌 그리 더 이뻐졌디야, 참말로."

항상 뭐가 그리 이쁘다는 건지, 나도 지선이처럼 모든 사람을 이쁘게 보면 좋겠다고 반성도 하고 소망도 가져보곤 했다.

사랑부 교사를 하면서 항상 느끼며 감사하는 것은, 나는 겨우 한 개를 주는데 무려 아홉 개를 받는 은혜다. 지금도 지선이가 환하게 웃는 모습이 눈에 선하다.

"참말로 오랜만이네. 어찌 그리 이뻐."

하늘나라에서 다시 만날 때 지선이가 예전처럼 기쁘게 반겨줄 모습을 상상해본다.

●

어린아이 같은 순수함으로

- 향상교회 사랑부 김운기 교사

우리 교회에는 발달장애인과 함께 예배드리는 사랑부가 있다. 나는 2016년 1월 우연한 기회에 그들과 함께 눈썰매장 야외활동에 봉사차 다녀오면서부터 사랑부에 참여하게 되었다. 첫 1년간은 우석이라는 학생의 보조교사 역할을 맡아 사랑부 예배를 드렸고, 내 시야는 우석이에게만 한정되어 있었다.

1년이 지나고 나는 사랑부의 찬양 율동 담당교사가 되었다. 그때부터 사랑부 모든 아이가 눈과 가슴에 들어오기 시작했다. 그리고 나를 볼 때마다 "왜 이렇게 이뻐!" 하며 칭찬과 사랑을 아낌없이 보내주던 지선이 또한 나의 가슴에 들어왔다.

지금 생각해보니 나의 시야와 마음이 좁게 한정되어 있던 1년 동안에도 지선이는 계속 나를 바라보고 있었던 것 같다.

나의 외모가 이쁘지는 않다. 퉁퉁하고 키 작은 고만고만한 남자 청년이다. 그래서 사실, 율동할 때 선이 곱고 이쁘게 나오지도 않는다.

내가 하고 싶어서 시작했지만 처음에는 조금 어색하고 자신감이 없던 시절이 있었다. 그때 지선이가 내 손을 잡으며 말했다.

"왜 이렇게 예뻐!"

물론 다른 선생님들도 열심히 잘하고 있다며 격려했지만, 지선이의 칭찬이 나에게는 큰 힘이 되었다. 그러면서 조금 더 지선이와 친해졌다. 내 얼굴을 쓰담쓰담 하며 이쁘다고 해주던 지선이.

나보다 연약한 친구들에게 사랑을 전하고 싶어 시작한 일이지만, 사실은 그들에게 내가 훨씬 큰 사랑을 받고 있었음을 지선이를 통해 알게 되었다.

예배 시간에 앞으로 나와 함께 율동하며 찬양하는 친구들이 있는데 지선이도 그중 한 명이었다. 소리 내어 힘차게 찬양하지는 못하지만 조금은 부끄럽게 나름 최선을 다해서 작은 몸짓으로 율동하며 찬양하는 모습을 볼 때마다 내 마음에 기쁨과 감동이 있었다. 찬양을 인도하는 교사의 눈에도 그토록 아름다운데 하나님께서는 지선이와 친구들을 얼마나 기뻐하시며 흐뭇하게 바라보실까 하는 생각이 들었다.

어느 날은 지선이가 사랑하는 친구 미래의 손을 꼭 잡고 앞에 나와 찬양을 했다. 손을 꼭 잡고 나머지 손으로 율동을 꼬물꼬물 따라 하며 찬양하는 모습을 보며 아마 모든 선생님이 같은 생각을 했을 것이다. 친구를 사랑하는 그 마음, 하나님을 사랑하는 그 마음을.

지선이는 예배를 사랑하고 소중하게 여기는 사람이었다. 내가 청년이라 사랑부 예배가 끝난 후에는 4부 청년예배를 드리는데 예배에 들어가면 어김없이 지선이, 선희, 미래 삼총사가 쪼르르 앉아 있는 모습을 본다. 다른 사랑부 친구들은 사랑부 예배가 끝난 후 귀가하지만 이 삼총사가 4부 청년예배 자리를 지키는 것을 보며 많은 청년들이 이들의 성실함에 많은 것을 느끼고 배웠다.

어느 날 사랑부 예배가 끝난 후 지선이가 엉엉 울음을 터뜨렸다. 왜 그런가 보니 다른 친구가 받은 선물(아니면 준비물이었을 수도 있다)을 받지 못한 서운함에 눈물이 터진 것이었다. 아마도 내가 본 지선이의 첫 눈물이었던 것으로 기억한다.

예배 시간에 목사님과 티키타카 하며 분위기 메이커로 활

약하고 진심으로 친구를 사랑할 줄 알며 늘 의젓하기만 하던 지선이가 어린아이처럼 울음을 터뜨렸을 때, 나는 지선이의 순수함에 대해 다시 한번 생각했다. 친구를 사랑하는 마음, 찬양과 예배를 사랑하는 마음, 남을 챙기고 칭찬해주며 웃을 때의 그 순수함과 어린아이와 같은 눈물….

예수님이 말씀하셨다.

> 어린이들이 내게 오는 것을 허락하고, 막지 말아라.
> 하나님 나라는 이런 사람들의 것이다.
> 내가 진정으로 너희에게 말한다.
> 누구든지 어린이와 같이
> 하나님 나라를 받아들이지 않는 사람은
> 거기에 들어가지 못할 것이다.
>
> (마가복음 10:14-15, 새번역)

지선이의 어린아이와 같은 순수함은 지선이가 우리에게 남긴 천국의 메시지였다.

보고 싶다, 지선아!

우리 곁에 머물다 간 천사

- 향상교회 사랑부 이창숙 교사

지선이를 처음 만난 곳은 12년 전쯤 교회 사랑부실이었습니다. 당시 지선이는 입원실에 있어도 어색하지 않을 정도로 병색이 짙은 아이였습니다. 병원 주치의 선생님이 조혈모세포 이식 없이 지선이가 지금까지 살아 있는 것은 기적이라고 얘기했을 정도로 지선이가 많이 아프다는 것을 지선이 어머님을 통해 알게 되었습니다. 그래서 기도할 수밖에 없었습니다.

그 후 지선이는 기적같이 조혈모세포 이식을 받았고 수술 후에도 죽을 고비가 몇 차례 있었지만 하나님께서 지선이를 살리셨습니다. 의사가 포기한 순간에도 하나님은 일하셨고 우리는 하나님의 살아 계심을 확신할 수 있었습니다.

지선이의 조혈모세포 이식 수술 이후 병문안을 갔을 때 생각이 납니다. 김남용 집사님이 지선이가 잡지를 좋아한다고 해서 패션잡지 같은 것을 사 갔는데 지선이 몸에 수액 줄이 5개 정도는 됐던 것 같습니다. 많이 힘들었을 텐데 활짝 웃으며 저를 반겨주던 기억이 지금도 생생합니다. 그런 상황에서도 그렇게 환하게 웃을 수 있다니 정말 감동이었습니다. 간호사인 저로서는 같은 상황에서 과연 지선이처럼 웃을 수 있을까 생각하며 반성을 했습니다.

지선이는 정말 하나님의 자녀답게 이 세상을 살아갔던 것 같습니다. 상황을 보지 않고 하나님이 허락하신 것에 감사하며 살아낸 지선이는 참 많은 사람들에게 본이 되는 사람이었습니다. 그렇게 건강한 모습으로 지선이는 사랑부실로 당당하게 돌아왔습니다.

지선이는 만나는 사람들의 장점을 찾아 칭찬하는 행복 마스코트였습니다. 해맑게 웃는 모습은 마치 살아 있는 천사 같았습니다. 지선이가 예배드리는 모습은 하나님의 마음을 흡족하게 했으리라 장담할 수 있을 정도로 순수하고 아름다웠습니다. 예배 중간중간 목사님 질문에 집중하여 대답하는 일등 학생이었습니다. 때로는 누나같이 의젓하게 사랑부 학생들을 살뜰하게 챙겼습니다. 지선이를 생각하면 사람을 사랑할 줄 아는 선한 마음과 해맑게 웃던 예쁜 미소가 떠올라 지금도 지선이가 옆에 있는 것같이 생생합니다.

지선아, 이 글을 쓰는 이 순간에도 네가 많이 보고 싶어 눈물이 나. 이제는 고통도 아픔도 없는 주님 곁에서 행복하게 지낼 줄 믿고 기도할게.

우리 예쁜 지선이, 많이 사랑한다.

"하나님이 친히 그들과 함께 계시고,

그들의 눈에서 모든 눈물을 닦아 주실 것이니,

다시는 죽음이 없고,

슬픔도 울부짖음도 고통도 없을 것이다.

이전 것들이 다 사라져 버렸기 때문이다."

(요한계시록 21:3-4)

지선아 고마워

초판 1쇄 펴낸날 2021년 12월 30일

지은이 김미영 김남용
펴낸이 박종태

책임편집 옥명호
디자인 임현주
표지그림 한현아
제작처 예림인쇄 예림바인딩

펴낸곳 비전북
출판등록 2011년 2월 22일 (제396-2011-000038호)
주소 (10849) 경기도 파주시 월롱산로 64
전화 031-907-3927 | 팩스 031-905-3927
이메일 visionbooks@hanmail.com
페이스북 @visionbooks **인스타그램** vision_books_

마케팅 강한덕 박상진 박다혜
관리 정문구 정광석 김경진 박현석 김신근 강지선
경영지원 이나리 김태영

공급처 (주)비전북
        T.031-907-3927 F.031-905-3927

ⓒ 김미영 김남용, 2021

ISBN 979-11-86387-45-0 03230